Gernhardt · Wege zum Ruhm

Robert Gernhardt

WEGE ZUM RUHM

13 Hilfestellungen für junge Künstler
und
1 Warnung

HAFFMANS VERLAG

Umschlagillustration und alle Vignetten im Text vom Autor

1. Auflage, Herbst 1995

Alle Rechte vorbehalten
Copyright © 1995 by
Haffmans Verlag AG Zürich
Satz: Greiner & Reichel, Köln
Druck und Bindung: Offizin Andersen Nexö, Leipzig
ISBN 3 251 00301 1

Inhalt

DIE HILFESTELLUNGEN

(Erstens: Vom richtigen Namen)

Mein lieber Horst,

Du wirst Dich vermutlich darüber wundern, Post von Deinem Patenonkel zu erhalten. Doch seit wir uns das letzte Mal aus Anlaß Deiner Abiturfeier sahen, seit ich von Deinem Berufswunsch »Künstler« weiß, und seit Deine Mutter mich unter vier Augen fragte, ob ich Dir nicht mal ins Gewissen reden könne – schließlich sei ich ja auch so eine Art Künstler und wüßte daher am besten um die Gefahren einer solchen Existenz –, seit diesem Nachmittag also bin ich Euch eine Antwort schuldig. Sie wird, fürchte ich, anders ausfallen, als Deine Mutter sie sich gewünscht hat. Was immer ich an warnenden Beispielen aus meinem Leben erzählen könnte, es verblaßte sicherlich neben dem Patenonkel-Robert-Bild, das sich, wie ich wohl weiß, seit Jahrzehnten in Deiner Familie verfestigt hat: Kann jeden Tag ausschlafen (und hat das auch nötig), lebt das halbe Jahr über in Italien und verdient in der anderen Hälfte mit ein paar locker hingeworfenen Strichen bzw. Worten vielleicht mehr als unsereins in – aber wenden wir uns lieber unverfänglicheren Beispielen zu, wirklichen Künstlern, die es zu Lebzeiten wirklich schwer hatten, Leuten wie Hölderlin, wie Mozart oder wie Kleist, der 1803, sechsundzwanzigjährig, aus Paris die bitteren Worte schreibt: »Der Himmel versagt mir den Ruhm, das Größte der Güter der Erde; ich werfe ihm wie ein Kind alle übrigen hin.«

Nun – gerade diese Verzweifelten von damals reizen heute jugendliche, selbst reife Gemüter zur Nachahmung. Die schlichte Tatsache ihrer Bekanntheit nämlich macht jede Künstlervita zur Erfolgsgeschichte. Je dunkler des Meisters Erdentage verliefen, desto heller überstrahlt sein Nachruhm alle Demütigungen, Gebrechen und Niederlagen: Ende gut, alles gut. Eine zutiefst irreführende Optik! Erstens können sich all die Berühmten für unsere nachträgliche Bewunderung nichts kaufen, und zweitens übersieht dieser Blick zwangsläufig all jene Künstler, die es trotz ähnlich düsterer Lebensläufe nicht geschafft haben, berühmt zu werden, all die Moppel, Schluntz und Bakikeke, Personen, deren Namen ich deswegen erfinde, weil es in der Natur der Sache liegt, daß man unbekannte Künstler nicht kennt.

Dafür werden die bekannten immer bekannter. Immer wieder nämlich hat es Künstler gereizt, das Leben anderer Künstler nachzuerzählen, und so gut wie immer haben sie sich der scheinbar gescheiterten Existenzen angenommen: Ein schweres Leben erzählt sich halt leichter.

Bereits Georg Büchner schrieb nicht die Novelle *Goethe,* sondern *Lenz,* und heutzutage adelt Peter Härtling ganz besonders umwitterte Kollegen gleich rudelweise durch die Gnade der späten Biographie, ein Umstand, der den respektvoll erschütterten Leser all die Hölderlin-, Lenau-, Mörike-, Waiblinger- und Schubert-Romane fast getröstet aus der Hand legen läßt: »Na, dann haben sich die ganzen Opfer und Qualen ja doch noch irgendwie gelohnt!«

Auf jeden Fall zeigt die mittlerweile in unseren Köpfen fest verankerte Paarung Kunst und Ruhm Wirkung – häufig zur noch wirkungsvolleren Dreieinigkeit Kunst, Ruhm, Geld erweitert –: Einer jüngsten Statistik zufolge gab jeder fünfte Jugendliche als seinen Traumberuf »Künstler« an, weit abgeschlagen folgt bei den männlichen Befragten der »Sportler«, bei weiblichen ein »Heilberuf«.

Aus all dem, lieber Horst, folgt zweierlei: Erstens stehst Du mit Deinem Berufswunsch nicht allein, und zweitens bin ich nicht der Mann, der Dich davon abhalten könnte, diesen Weg einzuschlagen. Eines freilich vermag ich kraft meiner Lebenserfahrung und Streckenkenntnis: Dich auf den Weg vorbereiten, Dich vor gefährlichen Stolpersteinen warnen, Dir Abkürzungen verraten – mit einem Wort: Dir Startvorteile gegenüber der massenhaften Konkurrenz verschaffen. Und das will ich tun.

Doch bevor wir uns Schritt für Schritt den Fragen zuwenden, welche Kunst, welcher Ruhm, welches Leben, welches Image, welche Stoffe, welche Leiden, welche Verlage, welcher Tod und welches Nachleben Deinen speziellen Bedürfnissen und Talenten entsprechen, mußt Du zuallererst ein Haupthindernis für eine erfolgreiche Künstlerkarriere beiseite räumen: Deinen Namen.

Horst Streugöbel – wer in aller Welt soll das aussprechen können? Franzosen, Italiener und Russen werden bereits beim »h« scheitern, der Ostasiate wird beim »r« passen, die englischsprechende Welt angesichts der

Doppelvokale und Umlaute verzweifeln – sofern Du auch außer- und oberhalb unserer Volkstümlichen Hitparade reüssieren willst, wirst Du Dich umbenennen müssen. Wie? Wie Picasso zum Beispiel. Der kam als Pablo Ruiz zur Welt, signierte eine Zeitlang mit den Namen beider Eltern »Pablo Ruiz y Picasso«, bis er sich ganz und gar für den Namen der Mutter entschied. Eine gute Wahl? Die bestmögliche! Eine unschlagbare Verbindung von drei weltweit unproblematischen Vokalen mit drei Konsonanten, die ebenfalls keine Zunge überfordern dürften. Dazu der alliterierende Vorname, der bereits zwei der Vokale des Nachnamens anklingen läßt – kein Wunder, daß der Tochter Paloma Picasso für ihre international vertriebenen Cosmetica auch kein besserer Markenname einfiel als der ihrer Familie. Zum Vergleich – könntest Du Dir ein weltweit erfolgreiches Parfüm namens *Paula Modersohn-Becker* vorstellen? Begreifst Du, warum diese übrigens hochtalentierte Malerin bis heute eine ziemlich deutsche Angelegenheit geblieben ist?

Matisse, Miró, Dalí; Mann, Camus, Eco; Ligeti, Cage, Glass – wer sich heute in welcher Kunst auch immer einen Namen machen will, der sollte zuvor einen suggestiven Namen finden: vokalreich, praktisch, kurz. Freilich: Nicht immer wird er gleich in der Familie der Mutter fündig werden – etwas besseres als Horst Hakker solltest Du allemal erfinden können.

Laß mich wissen, worauf Deine Wahl fällt, und sei herzlich gegrüßt von Deinem Wegweiser und Patenonkel Robert G.

PS: Versuche bei der Namenswahl unnötige Mißverständnisse zu vermeiden – noch immer soll z. B. die Erwähnung des Philosophen Kant in angelsächsischen
Seminaren auf Belustigung oder Befremden stoßen.

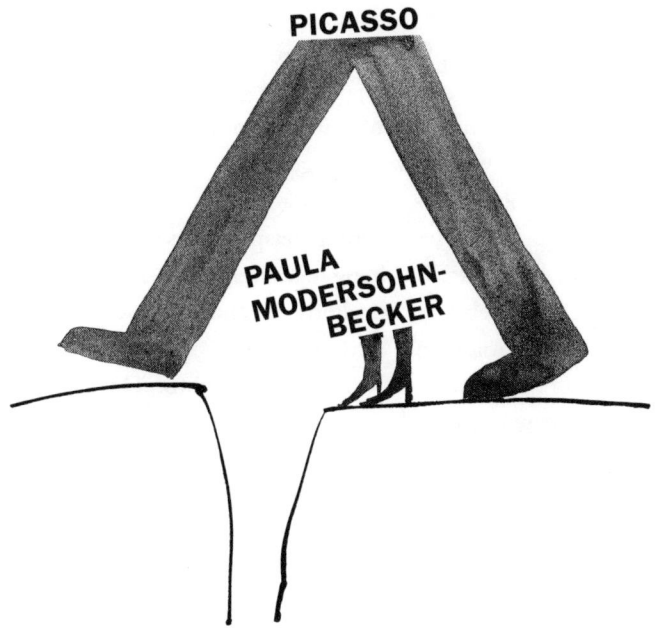

Mein lieber Horst,

schrittweise, so schrieb ich Dir in meinem letzten Brief, wolle ich Dich, den Anfänger, in die Kunst, den Ruhm und das Künstlerleben einführen – fragen wir also zuerst: Welche Kunst soll es denn sein?

Da hast Du zunächst die Wahl zwischen schöpferischen und nachschaffenden Künsten – sie sollte Dir so leicht fallen, wie die Entscheidung zwischen echtem Ersatz und Ersatzsurrogat, falls Du verstehst, was ich meine. Nein? Macht nichts.

Bei den schöpferischen Künsten wiederum kannst Du zwischen relativ lern- bzw. arbeitsintensiven wählen und solchen, bei denen es wenig zu lernen und – etwas Glück und Verstand vorausgesetzt – noch weniger zu arbeiten gibt.

Komponisten und Filmer beispielsweise haben nicht nur vollgestopfte Studiengänge zu absolvieren, sie sind nicht nur gehalten, tradierte Techniken und brandneue Technologien zu erlernen – die eigentliche Härte erwartet sie nach dem Studienabschluß. Da sie zur Realisierung ihrer Künstlerphantasien teure Studios, Materialien, Mitarbeiter und Techniker benötigen, werden sie einen Großteil ihrer Energien ins Auftun von Geldgebern investieren müssen, ins Becircen von Kulturbeamten und Umgarnen von Sponsoren – seit ich einmal in einem Fachblatt den Vertrag zwischen Wim

Wenders *(Paris/Texas)* und Philip Morris *(Marlboro)* zu Gesicht bekam, der detailliert festlegte, wie lange und unter welchen Umständen besagte Zigarette in genanntem Film aufzutauchen hatte – »Die Präsentation der Marke erfolgt ausschließlich durch den Darsteller der Rolle ›Walt‹ … In jedem Fall ist die Marke positiv zu präsentieren. Einstellungen, in denen Produktpackungen in Verbindungen mit übervollen Aschenbechern gezeigt werden, sind zu vermeiden« – seitdem weiß ich, daß sich »Freier Künstler« nur nennen darf, wer in jenen so ehrwürdigen wie immergrünen Künsten tätig ist, die bis heute im Ein-Mann-Betrieb, ohne Maschinenpark und ohne Werbeeinnahmen betrieben werden können: Schriftstellerei und Bildende Kunst.

Zu welcher ich rate? Hm … Bis zum Beginn dieses Jahrhunderts hätte das Talent den Ausschlag gegeben. Möchtegernmaler wie Goethe, Stifter und Keller endeten ganz einfach deswegen als Schriftsteller, weil sie sich widerwillig eingestehen mußten, daß es zum Maler nicht ganz langte. Doch seit dem Bildenden Künstlern keine Fertigkeiten wie Perspektive und Anatomie und keine Fähigkeiten wie Zeichnenkönnen mehr abverlangt werden, seit Marcel Duchamp vorexerziert hat, daß jeder Nutzgegenstand, selbst ein Urinoir, dann zum Kunstwerk wird, wenn jemand ihn dazu erklärt, seit Beuys daraus den Schluß zog »Jeder ist ein Künstler« – seitdem gibt es in den Bildenden Künsten ebensowenig zu lernen wie in der bereits ein Jahrhundert zuvor von allen Regeln befreiten Schriftstellerei. Einziger Unterschied: Noch immer gibt es Kunstakademien, bis heute gibt es keine Dichterschulen. Was tun? Mein Rat: Mach es wie Wolfgang Hildesheimer, Peter Weiss, Günter Grass und ich, geh auf eine Kunstakademie und werde Schriftsteller. Kunstakademien sind gepflegte, meist günstig gelegene Gebäude, in denen heute keiner mehr zum Malen gezwungen wird. Er kann dort auch schreiben, basteln oder musizieren – die Welt der Popmusik wäre arm ohne die ehemaligen Kunststudenten Dylan, Lennon oder Niedecken –, auf jeden Fall ist er weg von der Straße und kann, vom Staat bezuschußt, in aller Ruhe überlegen, ob es denn wirklich ratsam ist, Bildender Künstler zu werden.

Einerseits winkt zeitlich unbegrenzter Weltruhm – Statuen müssen nicht übersetzt werden, und die Bildsprache veraltet nicht –, andererseits ist damit zu rechnen, daß 99% aller Bildkunstobjekte bereits in den ersten fünfzig Jahren nach ihrer Entstehung entsorgt werden: zu altmodisch, zu sperrig, zu lagerkostenintensiv. Und die Überlebenschancen der Werke haben sich drastisch verringert! Bisher galt die Faustregel, daß ein Kunstwerk nach zwanzig Jahren interessant, nach fünfzig antik und nach hundert museumsreif wird. Aber gilt das noch für Environments und Großrauminstallationen?

Erinnere Dich an die letzte *documenta,* an die Säle voller Sandsäcke, Jux-Klotüren, Kacheln, Fernseher und Sperrmüll. Wohin damit? Ab ins Museum? Und wer trägt die Kosten? Hat es da nicht etwas von schierer Notwehr, wenn bereits Zeitgenossen damit beginnen, all diese Kunstwerke wieder zu Nutzgegenständen zu erklären, indem sie beispielsweise – der Fall ging durch die Presse – in einer von Beuys in Kunst überführten Wanne ihr Bier kühlen? Aber schon das *Pinkelbecken* und der *Flaschentrockner,* Duchamps erstmals in der New Yorker *Armory Show* gezeigte *ready mades*, sind vermutlich nicht zufällig verschollen. Ob sie noch heute in irgendeiner New Yorker Bar sinnvolle Dienste leisten – frei nach Duchamps Geistesblitz, daß, wenn ein Klo Kunst werden könne, ein Rembrandt auch als Bügelbrett tauge?

Doch ich greife vor. Vielleicht willst Du ja wirklich Maler werden, nicht Objektkünstler – weißt Du, was Dich da erwartet? Ein Kunstmarkt, der Markenprodukte verkauft und vom Künstler verlangt, sie in stets gleichbleibender Qualität zu liefern: Einmal kopfüber immer kopfüber (Baselitz), einmal übermalt immer übermalt (Arnulf Rainer) usf., eine Kunstgeschichtsschreibung, die alle zehn Jahre einen neuen Zeitgeist ausmacht und jeden, der das anders sieht, alt aussehen läßt. Eine Kunstgemeinde schließlich, die dem Meister jeden Schritt vom reinen Kunstpfad übelnimmt. Undenkbar, daß ein Maler wie Anselm Kiefer zwischendurch mal Cartoons zeichnen dürfte, während ein Schriftsteller wie Hans Magnus Enzensberger dafür, daß er sich zur Abwechslung in Chansons für Ingrid Caven versucht, sogar noch gelobt wird: Horst, werde ich Dich bald Kollege nennen dürfen?

Das fragt mit den besten Wünschen für eine richtige Wahl Dein nicht zufällig schreibender Patenonkel Robert G.

PS: Ich hatte Dir zu einem international verständlichen Künstlernamen nach dem Vorbild Pablo Picasso geraten. Ist »Igor Incasso« wirklich Dein Ernst? Artikulierbarer als Horst Streugöbel mag der Name ja sein, aber lappt er nicht allzusehr ins Slawische?

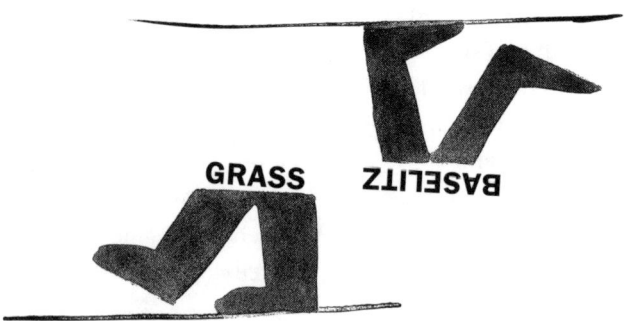

(Drittens: Von der richtigen Herkunft)

Mein lieber Horst,

Du willst also Schriftsteller werden? Eine gute Wahl, die allerdings sogleich eine weitere Entscheidung nach sich zieht: Welche Art Schriftsteller denn?

Wie jeder Betrieb offeriert auch der Literaturbetrieb die unterschiedlichsten Karrieren, und natürlich sollte jeder Anfänger darauf achten, eine gute Startposition mit soliden Aufstiegschancen zu erwischen. Keiner beginnt als Großschriftsteller und »Gewissen der Nation« (früher Böll, heute Grass), doch wer so enden will, der sollte rechtzeitig die Weichen stellen.

Er startet zweckmäßig als »Zorniger junger Mann« (früher Grass, heute Goetz) und entnimmt einschlägigen Werdegängen Anregungen für die Ausgestaltung dieser Rolle: Soll er sich an Enzensberger orientieren (früher laut, heute leise), an Handke (früher grob, heute weise), an Strauß (früher scharf, heute scheinheilig)? Oder empfiehlt es sich auch in diesem Fall, lieber gleich von den Klassikern zu lernen?

Mein Rat: Befrag den Brecht. Wie der Augsburger Bürgersohn zielstrebig seinen Namen stilisiert – von Berthold über Bertolt zu Bert –, wie der beginnende Dramatiker erfolgreich nach einem plakativen Mitstreiter Ausschau hält – das Rennen macht Arnold Bronnen, der sich fortan aus Gründen der Analogie Arnolt schreiben muß –, wie das Stadtkind plan- und villonmäßig seine Herkunft verrätselt – »Ich, Bertolt Brecht, bin aus den schwarzen Wäldern« –, wie der »Zornige junge Mann« seiner Zeit pflichtgemäß das derzeit regierende »Gewissen der Nation« anmacht – »Ich greife Thomas Mann heraus, weil er der erfolgreichste Typ des bourgeoisen Herstellers künstlicher, eitler und unnützlicher Bücher ist« –, wie er erwartungsgemäß ebenfalls als »Gewissen der Nation« endet – »Ich benötige keinen Grabstein, aber / Wenn ihr einen für mich benötigt / Wünschte ich, es stünde darauf: / Er hat Vorschläge gemacht. Wir / Haben sie angenommen« –: Dieser exemplarische Lebenslauf sollte Dir, lieber Horst, als Schriftsteller-Checklist dienen.

Stimmt der Name? Horst Streugöbel bringt es international nicht – soviel sollte klar sein. Von Deinem Vorschlag »Igor Incasso« – offenbar ein Wechselbalg aus Pablo Picasso, Igor Strawinski und Blixa Bargeld – rate ich ab, sofern Du Dir die Option »Gewissen der Nation« offenhalten willst. Weitersuchen!

Stimmt die Herkunft? Auch an der wirst Du arbeiten müssen. Vater: Akademischer Rat? Da assoziiert man Penne, Prof, Pensionsanspruch – kein gutes Umfeld für eine Künstlerkarriere.

Der Künstler sollte von unten kommen: Durch Nacht zum Licht. Der Künstler sollte verständnislose Eltern haben: Vater Koofmich wie bei Kafka oder Mutter Hausmeisterin wie beim – kommt auch gut! – jüngst jung verstorbenen Werner Schwab. Und der Künstler sollte den Besuch von weiterführenden Bildungsstätten nicht allzu publik machen: »Seminarprosa« ist so ziemlich der ärgste Vorwurf, der heute gegen ein Buch erhoben werden kann.

Der Künstler sollte vielmehr so vorgestellt werden können, wie im Klappentext zum Suhrkamp-Roman *Wäldernacht:* »Ralf Rothmann, geboren 1953 in Schleswig, wuchs im Ruhrgebiet auf. Nach Volksschule und Maurerlehre arbeitete er in mehreren Berufen« – und hier, lieber Horst, könntest Du ansetzen: Den Beruf Deines Vaters und Dein Abitur wirst Du nicht mehr aus der Welt schaffen können, mehrere Berufe aber stehen auch Dir zwecks späterer biographischer Highlights offen. Womit selbstredend umwitterte Berufe gemeint sind: Leichenwäscher oder Nachtportier z. B. kommen gut, Nachhilfestunden oder Korrekturlesen sind total uncool.

Wähle also Berufe, denen Du nach Möglichkeit nachts oder am Wochenende nachgehen kannst, tags und die Woche über aber darfst Du studieren, sofern Du es so hältst wie der Dichter Josef Winkler, der 21. Stadtschreiber von Bergen-Enkheim, den die Jury folgendermaßen zitiert: »Josef Winkler, der die Handelsschule in Villach nicht abschließt, weil er ›vor lauter Lesen den kommerziellen Schulstoff nicht bewältigen kann‹.«

»Horst Streugöbel arbeitete nach abgebrochenem Studium in verschiedenen Berufen« – das, lieber Horst, hat was.

Was? Na, dieses Flair von Bürgerschreck und edlem Wilden, welches das Feuilleton, zumindest aber den Klappentexter magisch in die Knie zwingt: »Ralf Rothmann, messerscharfer Stilist, dessen Sprache ihre

Schwerkraft durch biographische Erfahrung beglaubigt« – frage mich bitte nicht, was das bedeutet, glaube daran. Und glaube mir bitte, daß die Mitwelt dem Sohn eines Akademikers keine Kränze flicht: Also tu was dagegen.

Und mach Deine Sache besser als ich. Vor Jahren war ich drauf und dran, meinem Schriftsteller-Image die entscheidende Wendung zu geben: Einer ebenso bezaubernden wie unbedarften Volontärin der führenden Giessener Tageszeitung hatte ich auf die Frage »Und auf der Uni haben Sie dann schreiben gelernt?« geantwortet: »Aber nein! Erst die zwei Jahre Fremdenlegion formten mich zum Dichter!«

Die Zeitung druckte diese Worte, mich aber verließ der Mut, jene zwei Jahre zum festen Bestandteil meiner Biographie zu machen. Schade. Wenn ich heute eine mäkelnde oder auch nur herablassende Kritik lese, frage ich mich, ob mir das mit Legionärsbonus auch passiert wäre. Denk mal darüber nach und sei herzlich gegrüßt von Deinem Leidernichtlegionär und Patenonkel Robert G.

PS: Du fragst, ob mir Worte geläufig seien, welche dem Vorbild Picasso in puncto Dreisilbigkeit und Vokalfolge gleichen –: Bilbao, Hidalgo, Milano, Schiwago, Mikado, Kim Novak, Vibrator, Diktator, Imago, Key Largo – ist da etwas für Dich dabei?

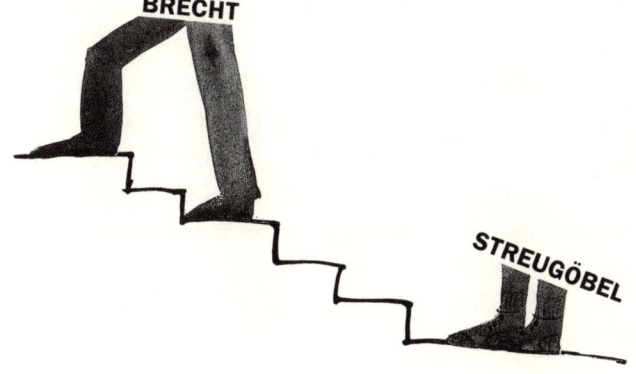

(Viertens: Von den Verlegern)

Mein lieber Horst,

in Deinem letzten Brief stellst Du zwei Vermutungen an, die es verdient haben, zurechtgerückt bzw. in Gewißheiten überführt zu werden.

Du liegst falsch, wenn du meinst, ein Schriftsteller müsse zwar schreiben, um seiner Berufsbezeichnung gerecht zu werden, aber nicht unbedingt veröffentlichen; ja, es kam mir sogar so vor, als ob Dir auch eine Schriftstellerexistenz denkbar schiene, die ohne alles Niedergeschriebene auskommen könne, da erst das lediglich in der Einbildungskraft existierende Werk gegen jedwede Form der Vermarktung, sprich: Korrumpierung gefeit sei.

Als Gewährsmann nennst du Kafka – zu ihm gleich mehr –, mit größerer Berechtigung hättest Du Tucholsky und seine berühmte Treppe anführen können, »Reden Schreiben Schweigen«. Sie wird selten ohne ehrfurchts-, ja weihevollen Unterton zitiert, und bevor Du, lieber Horst, ebenfalls vor diesem lapidaren Treppchen in die Knie gehst, bitte ich Dich, sie richtig zu deuten: Als Bilanz eines in vielfältiger Weise vom Leben geschlagenen Schriftstellers, der nach etwa dreitausend Veröffentlichungen in vierundzwanzig Jahren feststellen muß, daß seine Worte nichts gefruchtet haben und seine Adressaten dabei sind, sich und die Welt ins Verderben zu stürzen.

Aber Franz Kafka, der als Todkranker den Freund Max Brod darum bat, seine nachgelassenen Manuskripte zu vernichten – taugt der nicht zum Zeugen einer Schriftstellerexistenz ohne Werk? Nur bedingt. Kafka war keineswegs der legendäre Öffentlichkeitsverweigerer, zu dem ihn eine reinheitsversessene Gemeinde nach wie vor gerne stilisiert: Er las aus seinen Arbeiten, er nahm einen Preis entgegen, und er veröffentlichte, mit gemischten, aber heftigen Gefühlen.

Ein Beispiel: 1917 – Kafka hatte in den vergangenen neun Jahren zwanzigmal in Zeitschriften publiziert und vier Bücher veröffentlicht – bewirkt Max Brod, daß Martin Buber, der Herausgeber der Zeitschrift ›Der Jude‹, Kafka zur Mitarbeit einlädt. Kafka reagiert postwendend, »Ich schicke zwölf Stücke«, Buber wählt zwei Texte aus, sie erscheinen in der Oktobernummer, und Kafka notiert in sein Tagebuch: »Immer erst aufatmen von Eitelkeits- und Selbstgefälligkeitsausbrüchen. Die Orgie beim Lesen der Erzählung im ›Juden‹. Wie ein Eichhörnchen im Käfig. Glückseligkeit der Bewegung, Verzweiflung der Enge, Verrücktheit der Ausdauer, Elendgefühl vor der Ruhe des Außerhalb.«

Soviel zu Deiner ersten Vermutung: Mißtraue jenen, die ohne Not – ohne die Not eines Tucholsky beispielsweise – das Nichtschreiben propagieren, meist handelt es sich um Herrschaften, die auch nichts mitzuteilen haben. Mit Deiner zweiten Vermutung freilich liegst Du richtig: Wer veröffentlichen will, muß erst einmal einen Verlag finden. Auf welchem Wege? Landläufiger Meinung nach auf dem Postweg: Der Autor überlegt, in welchem Verlag sein Manuskript gut aufgehoben wäre oder in welchem Verlagsprogramm er sich gern vertreten sähe, er bringt die Adresse des Wunschhauses in Erfahrung, expediert ein Einschreiben samt, man weiß ja nie, frankiertem Rückumschlag – und macht die Erfahrung, daß er so auf keinen Fall zum Ziel kommt.

Ein altgedienter Lektor sagte mir einmal, unter tausend Einsendungen befände sich bestenfalls eine, die es wert sei, veröffentlicht zu werden; und aus meiner kurzen (1 Monat), aber intensiven (ca. 100 Manuskripte) Co-Lektorenzeit (zusammen mit F. W. Bernstein) im damaligen (1964) Verlag Bärmeier und Nikel (Frankfurt) kenne ich jene Manuskripte, denen man den langen Leidensweg durch die Verlage so deutlich ansieht, wie dem Tippelbruder sein Leben unter Brücken und in Fußgängerzonen: Fleckig und abgegriffen kamen sie in dem kleinen Verlag angehumpelt, nachdem ein großes Verlagshaus nach dem anderen ihnen die Tür gewiesen hatte, Suhrkamp, Rowohlt, Fischer …

Daß ein solcher Niedergang nicht immer etwas mit der Qualität des Angebots zu tun hat, darf spätestens seit dem Jahre 1968 als erwiesen gelten. Damals nahm ich als freier Mitarbeiter an einer Redaktionskonferenz der satirischen Monatsschrift ›pardon‹ teil, auf welcher der folgende Verlags-Test ausgeheckt wurde: Man nehme zwei Passagen aus dem hinteren, nicht allzu bekannten Teil des 1632 Seiten starken Jahrhundertromans *Der Mann ohne Eigenschaften* von Robert Musil, man verbinde sie zu acht einigermaßen unbeholfen getippten Manuskriptseiten, man taufe die Romanfiguren zur Sicherheit um, mache Gerda zu Helga, Ulrich zu Jürgen und Clarisse zu Brigitte, man erfinde einen Autor des Textes namens Bob Hansen, man lasse den seine Briefe mit dem Stempel »Bob Hansen, freier Schriftsteller, z. Zt. techn. Abteilungsleiter« versehen, man füge einen Brief des Inhalts bei, der Einsender schreibe an einem Roman und trage sich mit dem Gedanken, Vollzeitschriftsteller zu werden, und man versende das Ganze an zweiunddreißig deutschsprachige Verlage – was passiert?

Die Antwort stand in ›pardon‹: 80 Prozent der Verlage verzichteten dankend. Am 17. Januar des umwitterten Jahres 1968 winkt der Suhrkamp Verlag ab: »Ich fürchte leider, daß das, was Sie schreiben, mit unseren Vorstellungen von Literatur nicht ganz übereinstimmt«, schreibt der Lektor Urs Widmer, dessen Plural Majestatis die Vermutung nahelegt, er habe sich zu diesem Zeitpunkt noch als Sprecher einer festgefügten, personenübergreifenen Suhrkamp-Kultur empfunden. Das freilich sollte sich bald ändern …

Nicht wegen ästhetischer Bedenken, »aus verlagstechnischen Überlegungen« mußte dagegen jener Verlag passen, zu dessen Stolz und Selbstverständnis es seit dem Jahre 1931 gehört hatte, den *Mann ohne Eigenschaften* im Verlagsprogramm zu führen: der Rowohlt Verlag. Wenn er wenigstens geschrieben hätte: Wir kaufen nichts, wir haben schon!

Andererseits wird die Zurückhaltung der Verleger dann verständlich, wenn man sich den Ursprung dieser Berufsbezeichnung ins Gedächtnis ruft. Laut Hermann Pauls *Deutschem Wörterbuch* ist Verleger, »wer auf seine

Kosten etwas unternimmt, herstellt, seit Mitte 17 Jhdt. speziell auf Herstellung und Vertrieb von Druckwerken bezogen« – er legt also Geld vor und muß schauen, daß er es zurückbekommt, möglichst mit Rendite.

Damit ist ein Konflikt programmiert, der Autor und Verleger unentwegt aneinandervorbeireden läßt. Will der Autor unter Hinweis auf den künstlerischen Rang seines Werkes bessere Konditionen im Verlagsvertrag erreichen, führt der Verleger gern die Binsenweisheit ins Feld, daß Kunst sich leider schlecht verkaufe und er daher aus schierer Selbsterhaltung leider keine Konzessionen machen könne. Regt der Autor an, die Geburt des Werkes und sein Fortleben durch begleitende Werbung zu unterstützen, erinnert ihn der Verleger an die alte Erfahrung, daß alle Kunst sich seit jeher von selbst durchgesetzt habe: »Nehmense nur die Ilias, nehmense die Göttliche Komödie, nehmense diese ganzen Shakespeare-Dramen – kein Pfennig Werbung, aber was für Auflagen!«

Der Verleger hat die Katze im Sack gekauft, nun kann er schauen, daß die Mäuse wieder reinkommen. Zu diesem Zweck muß das Tier gleich dreimal weiterverkauft werden:

Zuerst heißt es, die Verlagsvertreter davon zu überzeugen, daß es sich um ein ganz besonders begehrenswertes Exemplar handelt – wenn Verleger ihre Vertretertage haben, sind sie denn auch besonders unansprechbar.

Sodann müssen die Vertreter den örtlichen Buchhandel dafür gewinnen, auf Verdacht möglichst viele Exemplare dieses vorgeblich hochbegehrten Wesens zu bestellen.

Und schließlich ist es am Buchhändler, möglichst vielen Kunden möglichst viele dieser Tierchen anzudrehen – erst wenn das geglückt ist, kann der Geldvorleger aufatmen.

Dieses Schicksal eint alle Verleger, dennoch ist Verlag nicht gleich Verlag. Es gibt da große und kleine – ein Unterschied, lieber Horst, der Autorsein und das Autorendasein nachhaltiger zu beeinflussen in der Lage ist, als es den Anschein hat.

Als Autor hast Du *einen* Verleger. Dein Verleger jedoch hat unterschiedlich viele Autoren. Man hat die Verleger daher auch unter die Paschas und Haremsbetreiber gerechnet, umgeben von einem Kranz von Haupt- und Nebenfrauen, Favoritinnen, Gespielinnen, Odalisken und Eunuchen. Je größer diese Schar, desto geringer naturgemäß die Chance, eine wichtige, gar eine Hauptrolle im Serail spielen zu können. Nimm nur den Suhrkamp Verlag. Viele fühlen sich dort berufen, doch immer nur einer ist dem Vernehmen nach auserwählt. Viele altgediente, oftverlegte Autoren schicken ihre Manuskripte ein oder bringen sie persönlich vorbei, nur bei einem, sagt man, tritt der Verleger höchstselbst über die Schwelle, um das fertige Werk in Empfang zu nehmen.

Einst hieß dieser Glückliche Thomas Bernhard, nun heißt es: Ave Handke, gratia plenus, Buch, wo bist du? Ein handgeschriebenes Exemplar von *Mein Jahr in der Niemandsbucht* sei Siegfried Unseld überreicht worden, hört man, das einzige Exemplar, raunt man, da keine Ablichtung davon angefertigt worden sei, einem Augapfel gleich habe der Verleger das Objekt seiner Kalkulation und Spekulation daraufhin auf dem langen Weg von Paris nach Frankfurt bewachen müssen …

Ich höre sie gern, diese legendären Liebesgeschichten aus dem Verlagsmilieu, von Ernst Rowohlts Treue zu schwierigen Autoren, von den sogenannten »Werbebriefen« des Verlegers Kurt Wolff an seinen – zuvor freilich arg vernachlässigten – Autor Franz Kafka, doch wenn die erotische Facette der Verleger-Autor-Beziehung zu Wort kommt, so darf von der merkantilen nicht geschwiegen werden; das Gemisch aus Eros und Kommerz aber heißt »käufliche Liebe«, und die wird nicht im Harem genossen, sondern im Bordell angeboten.

Weshalb der Verleger nicht nur Pascha, sondern ebensogut Zuhälter genannt werden könnte: Schließlich kauft er die ganzen Autoren ja nicht für den Eigenbedarf ein, jedenfalls nicht ausschließlich, sondern unter Berücksichtigung der Bedürfnisse seiner Kundschaft, und als lebenserfahrener Zutreiber wird er dafür sorgen, daß neben reifen und bewährten Kräften auch ständig Neuzugänge im Angebot sind, junge Federn, eigentlich noch Flaum, deren Wachstum, endgültige Form und Färbung zu steuern der Chef selber sich häufig nicht nehmen läßt.

Anfang der 80er wurde ich zufällig Zeuge eines solchen Image-Shaping. Silvio Blatter, ein Schweizer Jungautor, hatte im Frühjahr ein neues Manuskript vorgelegt, nun erörterten seine Lektorin und andere Verlagsmitarbeiter des Suhrkamp Verlages bei einem Abendessen, an dem auch ich zufällig teilnahm, Titel und Auftritt des für das Herbstprogramm eingeplanten Werks. *Der stürzende Mann* lautete der Wunschtitel des Autors, auch *Der fallende Mann* war im Gespräch, und lange wurden die beiden Verben gedreht, gedeutet und gewendet. Vom Umschlagmotiv dagegen hatte Blatter eine klare Vorstellung: Es sollte jener bekannte pseudo-mittelalterliche Holzschnitt sein, auf welchem der Kopf eines Menschen die Hemisphäre durchstößt und die Weite des Weltalls wahrnimmt. So entschieden hatte Blatter Titel und Motiv verteidigt, daß mir der Abend im Gedächtnis blieb und ich mich, als es herbstete, in einer Buchhandlung nach dem Titel erkundigte.

»Der stürzende Mann? Der fallende Mann? Von wem? Silvio Blatter?« Die Buchhändlerin schüttelte den Kopf, doch plötzlich hellte sich ihre Miene auf. Mit kundigem Griff holte sie ein Buch aus dem Regal, auf dessen pinkfarbenem Umschlag sich kein Bildmotiv fand, da in grellen, modischen Jugendstillettern lediglich Verfasser, Titel und Verlag genannt wurden: Silvio Blatter *Love me tender* Suhrkamp Verlag. Wow!

Viel war bisher vom Verleger die Rede, lieber Horst, dabei besteht ja solch ein Verlag aus einer Vielzahl von Mitarbeitern, die sich um eine Unzahl von Aufgaben kümmern, um Presse und um Lizenzen, Herstellung und Lektorat. Sie alle braucht der Autor, ihnen allen sollte er sich menschlich und sozial verbunden fühlen – warum er dennoch kaninchengleich auf die Verlegerschlange starrt, begründet Urs Widmer, Ex-Suhrkamp-Lektor – ja, derselbe, der den Musil abgelehnt hatte –, Schweizer und Autor: Während des legendären Lektorenaufstands im Jahre 1968 hätten sich die Autoren zu seiner Enttäuschung nicht auf Seite ihrer Anwälte, der Lektoren, geschlagen, sondern auf die des Verlegers, denn »Autoren wollen, völlig idiotischerweise und gegen ihre Interessen, möglichst wenig lektoriert werden. Sie wollen geliebt werden, und niemand liebt besser als die starke Vaterfigur, Verleger geheißen. Autoren wollen, bei allen Unsicherheiten, die mit ihrem Geschäft verbunden sind, wenigstens einen Hauch von ökonomischer Sicherheit. Sie wollen einen erfolgreichen, keinen kühnen Verlag, solange er nur die Kühnheit hat, ihre eigenen Bücher zu machen. Und wer garantiert die ökonomische Kontinuität? Ach, die Lektoren mögen es ja besser wissen, aber die Kinderschar der Autoren zieht unbeirrbar hinter ihrem Papi drein. Ich inzwischen auch.«

Der Verleger als Kaufmann, als Pascha, als Zuhälter, als Schlange, als Papi – fehlt da nicht noch eine Facette? Wie wäre es mit Gärtner? Der Verlag als Biotop – trifft das nicht zumindest auf jene Häuser zu, denen ein wirklicher Mensch vorsteht, kein Geschäftsführer? Womöglich ist es der Gründer selber, der es in jungen Jahren nicht mit ansehen konnte, daß vielversprechende literarische Pflänzchen sich nicht zu entfalten vermochten, weshalb er unter persönlichen Opfern einen Garten schuf, in welchem er nun schon seit Jahren selbstlos all die Sprößlinge wässert, von denen er hofft, sie würden dermaleinst im Park der National-, ja der Weltliteratur mächtig sich entfalten, dann nicht nur von sich, sondern auch ein wenig von ihrem Heger kündend, das bereits wäre Lohn, der reichlich lohnt. Und seufzend dreht der gute Gärtner den Geldhahn noch etwas weiter auf …

Ob ein solcher Verlag existiert? In Verlegermemoiren und Verlagsgeschichten jedenfalls ist häufig von ihm die Rede, doch bevor wir uns in Vermutungen verlieren, möchte ich Dir zwei handfeste Empfehlungen mit auf den Berufsweg geben.

Erstens: Lasse Dich nicht entmutigen. So gut wie jedem Neuling präsentieren sich Verlage und vergleichbare Institutionen (Zeitschriftenredaktionen, Sendeanstalten) als schimmernde Trutzburgen, deren fugenlose Mauern keinerlei Eindringen zu erlauben scheinen – und fast immer macht derjenige, dem der Zutritt wundersamerweise gelungen ist, die Erfahrung, daß zumindest Trakte des Prachtbaus morsch und Teile der Besatzung marode oder schon auf der Flucht sind: alles Erlebnisse, die es dem Künstler nahelegen, nach geglückter Erstürmung der Festung eine gewisse Distanz zu diesen Gralsburgen des Geistes zu wahren. Schon um der schieren Selbstachtung willen. Man möchte sich doch ein klein wenig der Täuschung hingeben können, die Verbreitung der eigenen, so überaus qualitätvollen Produkte in ebenso hochqualifizierten Händen zu wissen.

Zum anderen aber rate ich Dir, stets darauf zu achten, daß die bewährte, auch von Urs Widmer bekräftigte Rollenverteilung gewahrt bleibt: Der Autor als Künstler muß leiden, darf klagen, kann Trost in Anspruch nehmen; der Verleger, als Geschäftsmann, muß zum Essen ausführen, kann Gutwetter machen, darf unter keinen Umständen selber getröstet werden wollen – ich sage das so laut, weil im Zuge der Neuen Weinerlichkeit auch dieser letzte naturgewollte Gegensatz, der zwischen Geist und Geld, aufgeweicht oder gar hinfortgeschwemmt zu werden droht.

Wehre den Anfängen, das meint mit den besten Grüßen Dein Geistmensch und Patenonkel Robert G.

PS: Ein weiterer, anscheinend natürlich bedingter Unterschied zwischen Verlegern und Autoren scheint der zu sein, daß letztere sehr häufig Pseudonyme benutzen, erstere nie. Ich jedenfalls weiß zwar von übergreifenden Verlagsbenennungen – Insel Verlag, Rotbuch Verlag, Berlin Verlag –, aber von keiner einzigen Verlegerumbenennung. Eigentlich seltsam …

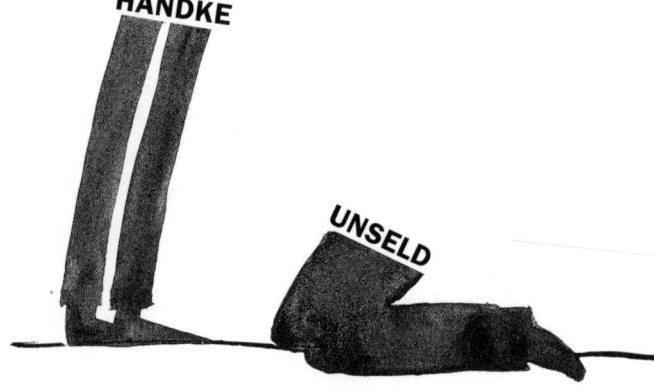

Mein lieber Horst,

was lese ich da? Dir sind Zweifel daran gekommen, ob Du zum Mitglied der schreibenden Zunft taugst? »… bin ich doch weder von meinem Werk besessen, wie Flaubert, noch von meiner Inspiration, wie Rilke – ich kann nichts und ich bin nichts«. Horst, nicht diese Töne!

Als Schriftsteller nämlich bist Du der, der Du sein willst, und als Mann des Wortes kannst Du planmäßig dafür sorgen, daß der Mit- und Nachwelt das Dir genehme Streugöbel-Bild vermittelt und überliefert wird.

Flaubert ein Worcaholic? Das hast Du vermutlich aus einer der zahllosen Literaturgeschichten, die unterschiedslos Flauberts qualvolles Ringen um das treffende Wort kolportieren. Und woher haben es die Literaturhistoriker? Aus Flauberts Briefen, vor allem jenen, die er in Croisset während der Arbeit an seinem Roman *Madame Bovary* schrieb. Und wer war die Empfängerin? Seine in Paris lebende Geliebte Louise Colet, die ihren Gustave gerne häufiger bei sich gehabt hätte. Der aber schätzt die Distanz und schützt bedenkenlos immer dann Arbeit vor, wenn er der ebenfalls schreibenden Frau zugleich imponieren und ihre Grenzen zeigen will: »Wie sehr ich meine Bovary satt habe! … Ich habe in der letzten Woche fünf Tage gebraucht, um eine Seite zu schreiben … Ich habe noch sechs bis acht Seiten, bis ich zu einem bestimmten Punkt gelange, danach werde ich Dich besuchen« – also in plusminus 30 bis 40 Tagen. Das schreibt Flaubert 1852; nach zwei weiteren Jahren voll klagender Briefe hat er seinen Freiraum deutlich erweitert: »Was das Ende der Bovary angeht, so habe ich mir schon so viele Termine gesetzt und mich so oft getäuscht, daß ich nicht nur darauf verzichte, davon zu sprechen, sondern auch daran zu denken ... Bis dahin werde ich Dich alle zwei Monate besuchen, wie ich es Dir versprochen hatte« – ein Arrangement, das es Flaubert erlaubt, zwei Fliegen mit einer Klappe zu schlagen: Er kann an seiner Emma und an seine Louise schreiben, und das tut ein echter Schriftsteller nun mal am liebsten.

Ein rechter Dichter freilich nicht minder. Wer hat Dir denn von Rilkes überwältigenden Inspirationen berichtet? Natürlich Rilke selber, auch wenn er sich eines adligen Sprachrohrs bediente. Gerade hat er im Schlößchen Muzot die letzte seiner *Duineser Elegien* beendet, schon schreibt er seiner Gönnerin, der Fürstin Marie von Taxis-Hohenlohe, einen Brief, von dem er weiß, daß sie den bestimmt nicht für sich behalten wird: »Eben, Samstag den elften um sechs Uhr abends, ist sie fertig! – Alles in ein paar Tagen, es war ein namenloser Sturm, ein Orkan im Geist, alles, was Faser in mir ist und Geweb, hat gekracht, an Essen war nicht zu denken, Gott weiß, wer mich genährt hat« – vielleicht Rilkes Haushälterin Frieda, die im Erdgeschoß des Schlößchens wohnte? Wie immer – Rilkes Worte machten die Runde, wobei der Dichter kräftig mithalf, indem er das freudige Ereignis zielstrebig und brieflich zahlreichen weiteren Multiplikatorinnen kundtat: Jeder ist seines Images Schmied.

Wobei ein solches Image natürlich nicht völlig aus der Luft gegriffen sein darf. Es sollte die Vorzüge des Dichters verstärken, vor allem aber seine Defizite in Verdienste ummünzen. Als das äußerst schmale Werk des Reiner Kunze mit dem Büchner-Preis geehrt wurde, galt diese Auszeichnung auch jemandem, dem es gelungen war, der Mitwelt noch einmal die uralte Mär vom Gedicht, das »verdichtet«, zu verkaufen: Je weniger Worte, desto wertvoller. (Eine Marketing-Meisterleistung! Um ihre meist recht wortkargen Gebilde sowie deren Preis zu rechtfertigen, stellen die Dichter den Dichtvorgang seit alters so dar, als müßten sie in mühseliger Arbeit lastendste Lebenszeit und gewichtigste Verbalmassen aufeinandertürmen, damit durch deren Druck der Diamant des Gedichtes entstehe. Ähnlich suggestiv argumentieren auch die Zeichner, wenn sie sich dafür rechtfertigen, warum ihre wenigen Striche eigentlich so viel kosten: Zeichnen heißt weglassen.)

Höchste Bewunderung aber verdienen jene Schriftsteller, die dafür gerühmt und ausgehalten werden, daß sie gar nichts tun: Wolfgang Koeppen, der seit den 5oer Jahren von Preisen für seine Bücher aus dieser Zeit lebt und von Vorschüssen für ein Werk, das, von Bücherherbst zu Bücherherbst angekündigt, bis heute nicht erschienen ist; Truman Capote, von dem erzählt wird, er habe von seinem New Yorker Verlag rund zwei Millionen Dollar für den niemals auch nur ernsthaft in

Angriff genommenen Roman *Answered Prayers* kassiert – welch ein Triumph seiner Fabulierkunst! Und wie billig der Versuch, diese Künstler als Abgebrühte abzutun! Sind sie nicht vielmehr Abgeklärte, die das Goethesche Diktum »Bilde, Künstler, rede nicht / nur ein Hauch sei dein Gedicht« ernstgenommen und das Hauchhafte aller Kunst zu höchster Verhauchtheit gesteigert haben?

Aber ich greife vor, lieber Horst! Ein Schriftsteller, der auf seine alten Tage erfolgreich und einträglich schweigen will, muß zuvor etwas Rechtes geschrieben haben. Daß Dir das gelingen möge, wünscht Dir Dein Immernochschreiber und Patenonkel Robert G.

PS: Nein – Pablo Pique Asso ist ganz und gar kein ernstzunehmender Künstlername. Genau so wenig wie Pablo Karobubo. Dann schon lieber Igor Incasso!

(Sechstens: Von den Ängsten)

Mein lieber Horst,

ja, frage nur! Je informierter Du Deine Schriftsteller-
laufbahn beginnst, desto gewappneter wirst Du Krisen
und Anfechtungen entgegentreten können.

Du willst also wissen, was es mit der »Angst des
Schriftstellers vor dem leeren Blatt Papier« auf sich hat.
Du fragst nach dem »Schwarzen Loch«, in das der
Schriftsteller nach Abschluß eines Buches fallen soll.
Du scheust die »Schreibblockierung«, von der viele
Biographen berichten und Du befürchtest, daß Dir mal
»die Einfälle wegbleiben« – hier meine Antworten:

»Die Angst vor dem leeren Blatt« und das »Schwarze
Loch« gehören zu jenen ebenso suggestiven wie leicht
durchschaubaren Schriftsteller-Erfindungen, mit denen
der Durchschnittsvertreter dieses Berufstandes die Tatsache zu verschleiern hofft, daß er nicht der Aller-
rührigste ist. Bedenke: Wer jeden Tag auch nur *eine*
Seite füllte, könnte jedes Jahr ein 365 Seiten starkes
Buch vorlegen – außer H.G. Konsalik und Gabriele
Wohmann wüßte ich niemanden zu nennen, der dieses
Pensum schafft. Kein Wunder, daß die beiden Fleißigen
als »Vielschreiber« ausgegrenzt werden, und die weniger Fleißigen möglichst mitleiderregende Gründe dafür
suchen müssen, warum sie lieber im Kreise von Jung-
buchhändlerinnen lesen, als am häuslichen Arbeitstisch
schreiben, bzw. dafür, warum sie nach getaner Arbeit

nicht, wie andere Menschen auch, eine neue anpacken. Käme ein Baggerführer je auf die Idee, nach vollendeter Ausschachtung eine weitere mit der Begründung abzulehnen, er befinde sich mental in einem Tief, aus welchem er sich nur sehr langsam herausarbeiten könne? Natürlich nicht. Sind Baggerführer demnach ehrlichere Menschen als Schriftsteller? Nein, lediglich auf den Mund gefallenere. Nicht die moralische, die artistische Qualität solcher Arbeitsverweigerungsbegründungen zählt und zahlt sich aus; und »Schreibblockierung« bzw. »einen Schreibblock haben« klingt nunmal sehr viel seriöser als »Nullbock« bzw. »null Bock haben«.

Nun zu Deiner Befürchtung, die Einfälle könnten Dir ausgehen. Sie wäre begründet, lebte der Schriftsteller von Einfällen. Das aber tut er nicht. Er lebt von Stoffen, richtiger: vom Stoff des Lebens, und das schreibt bekanntlich die besten Geschichten. Welche? Nun, z. B. die *Buddenbrooks,* jene Familie, deren Verfall der junge Thomas Mann derart detailgetreu dem Niedergang der eigenen Sippschaft nachbildete, daß in der sensationslüsternen Vaterstadt Personaldechiffrierungslisten kursierten – »Tony: Elisabeth Mann; Johann: Heinrich Mann« – und eine Stockholmer Jury die vielhundertseitige Indiskretion mit dem Nobelpreis belohnte.

Aber – so höre ich Dich fragen – ist es nicht peinlich, ja unstatthaft, Details aus dem Freundes- und Familienkreis nach außen zu tragen? Wird der, der solches offen tut, sich nicht bald isoliert wiederfinden, geschnitten von allen und von allen Informationen abgeschnitten? Nein, und das aus drei Gründen. Erstens versteht es ein guter Schriftsteller, die Spuren zu verwischen. Er wird also einen Freund, der Bernd alias Anselm heißt, zu »Anselmus« verfremden – so geschehen in meinem Erzählband *Kippfigur* –, worauf mir die Kritik profunde E. T. A. Hoffmann-Kenntnisse bescheinigt, da in dessen Grotesken eine gleichnamige Figur auftaucht, während der Freund Beschwerden schon deswegen unterläßt, weil er sich ja nicht wiedererkennen kann.

Zweitens hat so gut wie jeder Mensch den Wunsch, berühmt zu werden, und sei es durch eine herostratische Tat: Der gleichnamige Täter Herostratos hatte aus lauter Ruhmsucht eines der Sieben Weltwunder, den Diana-Tempel in Ephesus, eingeäschert. Wieviel risikoloser reisen da doch jene in die Unsterblichkeit, die ein Dichter Huckepack mitnimmt: Lili Schönemann als Goethes Lili, Charlotte Buff als Goethes Lotte, Marianne von Willemer als Goethes Suleika – um nur drei von drei Beispielen zu nennen.

Drittens kann der Dichter dem Vorwurf der Indiskretion jegliche Spitze dadurch nehmen, daß er sich selber in leicht zu durchschauender oder gänzlich fehlender Tarnung vorführt: Da Eckhard Henscheid seinen Roman *Die Vollidioten* von einem ziemlich weggetretenen »Eckhard Henscheid« erzählen läßt, haben weder seine Heldin Czernatzke (realiter: Maletzke) noch sein Held Rösselmann (realiter: Rosema) Grund zum Klagen. Ich, würde Henscheid erwidern, komme doch noch sehr viel schlechter weg als ihr, und außerdem: Was geht mich das saudumme Geschwätz meiner Erzähler-Erfindung »Henscheid« an?

Du siehst also, lieber Horst: Anything goes in poem and prose – so schnell gehn die Stoffe dem Autor nicht aus. Und wenn alle Fremd-Informationsstricke reißen sollten, kannst Du immer noch Dein ureigenstes Leben in Fortsetzungen erzählen, so wie es der Schwabe Hermann Lenz mittels seines alter ego, des Schriftstellers Eugen Rapp, oder der New Yorker Philip Roth mittels seines doubles, des writers David Zuckerman, tun, zwei unterschiedlich zähe Lebensläufe, die eigentlich in einem atlantiküberspannenden Real-Treffen Lenz-Roth mit anschließender deutsch-amerikanischer Rapp-Zuckerman-Fiktionalisierung gipfeln müßten: Welcher Verlag, welcher Förderverein finanziert und organisiert ein möglichst zwanglos wirkendes Zusammentreffen der beiden?

Aber genug für heute! Habe ich Deine Bedenken zerstreuen können? Das hofft von Herzen Dein zerstreudiensthabender Patenonkel Robert G.

PS: »Igor Incasso« ist eigentlich gar nicht so schlecht. Wie wäre es, wenn du den slawischen Vornamen durch das lateinische »Trio« ersetztest? Aber dann müßtest Du eigentlich zu dritt sein. Hm.

Mein lieber Horst,

ja, die leidige Kritik … Ein umwittertes Thema, doch ich will Deiner Frage nicht ausweichen: Was fühlt jemand, der bis ins hohe Alter wie zur Schulbuben- und Deutschaufsatz-Zeit benotet wird, nur daß sich der Vorgang nunmehr in aller Öffentlichkeit vollzieht, und jeder den Lehrer spielen darf, der sich dazu berufen fühlt? Gegenfrage: Was sind das eigentlich für Lehrer, die den Großteil der ihnen vorgelegten Arbeiten nicht benoten?

Bemühen wir daher einen anderen, erkenntnisfördernderen Vergleich: Jahr für Jahr erscheinen hierzulande ca. 8000 Titel, die der Belletristik zuzurechnen sind. Alle buhlen um Beachtung, erfahrungsgemäß aber wird nur jeder zehnte rezensiert. *Jede* Besprechung, auch der Verriß, ist also bereits eine Auszeichnung – Kritiker wären demnach keine Lehrer, sondern Oberkellner eines In-Restaurants: Sie bestimmen am Empfang, wer überhaupt passieren darf und wo der Gast plaziert wird.

Das ist – auf eine Zeitung bezogen – durchaus wörtlich zu nehmen: Da entscheidet weniger der Inhalt einer Kritik über den Rang des besprochenen Werkes, als ihr Umfang und ihre Aufmachung. Seitdem Botho Strauß seinen Roman *Der junge Mann* vorlegte, wird er zwar in einem Blatt wie der ›FAZ‹ regelmäßig verrissen,

doch geschieht dies lang und breit auf den Tiefdruck-
seiten und mit schöner Regelmäßigkeit durch den jeweiligen Leiter des Literatur-Ressorts: Hatte sich 1984
Marcel Reich-Ranicki den *Jungen Mann* zur Brust genommen, so sah sich Gustav Seibt zehn Jahre später
nach der Lektüre von *Wohnen Dämmern Lügen* veranlaßt, »Die Krisen des Botho Strauß« zu beklagen. »Hier
verreißt der Chef persönlich«, kann auch die Chefin
sein: Iris Radisch von der ›Zeit‹ fand das Buch auch
ziemlich schlecht, brauchte zu diesem Verdikt aber
immerhin eine gute Seite.

Umfangreiche Rezensionen aus hochrangigen Federn
in einem der fünf meinungsbildenden Blättern der Re-
publik aber – ›FR‹, ›SZ‹, ›FAZ‹, ›Spiegel‹ und ›Zeit‹ – sind
die Fensterplätze im Restaurant zur Deutschen Literatur, und solange Botho Strauß bei jeder Neuerschei-
nung dorthin geleitet wird, braucht er sich um seinen
Ruf keine Sorgen zu machen: Ihm doch egal, was der
Ober von ihm hält – wirklich kritisch würde es für ihn
erst, wenn er sich plötzlich am Katzentisch der Kurz-
und Sammelrezensionen wiederfände.

Die Sitzordnung freilich ist von geradezu stamm-
tischhafter Unbeweglichkeit. Daß sich an ihr überhaupt
etwas ändert, verdankt sie zwei biologischen Tatsachen:
Kontinuierlich geben Platzhalter den Löffel ab, und
ungefähr alle zwanzig Jahre findet so etwas wie ein
Ober-Revirement statt, worauf die Neuen, schon um
ihr Dasein zu beweisen und zu rechtfertigen, zumindest
einige Autoren ihrer Generation oder Wahl an die be-
gehrten »Reserviert«-Tische setzen, während sie die

Stammgäste, wenn sie die schon nicht von den Stamm-
plätzen vertreiben können, betont ruppig bedienen.
Das passiert seit geraumer Zeit den Damen und Herren
Ch. Wolf, S. Lenz, G. Grass und P. Härtling, weshalb
die nun schon ebensolange empört nach dem Geschäftsführer rufen, der sich freilich nicht zeigt, da er
der Zeitgeist persönlich und seiner Natur nach nicht zu
fassen ist.

Umbrüche, die naturgemäß diejenigen am stärksten
treffen, die zuvor besonders hofiert worden sind, während eine andere Spezies von Stammgästen nicht nur
solche Turbulenzen unbeschadet übersteht, sondern
gegen jedwede Art schlechter Kritik gefeit zu sein
scheint: die Bistro-Bande. Wie jedes gutgeführte große
Etablissement weist auch das *Restaurant zur Deutschen
Literatur* diverse Nebenräume auf, und wer beim Eintreten erkennbar nicht auf Hauptsaal und Haupttische
zusteuert, sondern sich mit einem Platz im Bistro,
zumal an der Bar, begnügt, darf sich des Wohlwollens
der gestressten Ober sicher sein: Die Dichter Ernst
Jandl und Oskar Pastior, die Schriftsteller Ror Wolf,
Reinhard Lettau, Peter Bichsel und, als Neuzugang,
Max Goldt – sie alle eint, daß sie nicht mit dickem, langem Romangarn nerven, sondern mittels kleiner, feiner
Kurzwaren erfreuen, was der Rezensent aus zwei Gründen begrüßt:

Erstens muß er nicht so viel lesen, und zweitens fördert es seinen Ruf, wenn er hin und wieder mit dem
Geheimtip-Hinweis auf einen zu Unrecht Übersehenen
aufwarten kann, wobei es wenig verschlägt, daß alle In-

teressierten den Geheimtip längst kennen: Der ist halt ein Übersehener vom Dienst und wird vom Personal dementsprechend schonend, fast raunend behandelt.

Ganz besonders rüde hingegen wird mit einem Ober umgesprungen, der plötzlich Gast sein möchte. Fritz J. Raddatz, damals noch Feuilleton-Chef der ›Zeit‹ und zugleich Autor des Buches *Die Nachgeborenen,* hat das 1983 am eigenen Leibe erlebt und das Erlittene seinem Tagebuch anvertraut: »Buchmesse-Cafard: Im Hessischen Hof nur alte Gespenster, Mumien aus Madame Tussaud. Ansonsten NUR Quark, nur Anrempelei von mindestens hundert Autoren oder Verlegern: ›Wann wird mein Buch für die ZEIT besprochen?‹ mit der für mich sehr makabren Pointe, daß ich Adolf Muschg (der DIE NACHGEBORENEN ja für den SPIEGEL rezensieren wollte) bei Unseld traf und er als erstes von sich aus zu mir sagte: ›Ich habe vom SPIEGEL NIE etwas gehört.‹ Also, ich weiß nicht mehr, was ich zu derlei sagen soll … Intrigen, nur Intrigen. Jeder gegen jeden.«

In der Hoffnung, daß dieser Einblick in die Abgründe der Branche Deinen Berufswunsch nicht ernsthaft gefährden möge, grüßt Dich Dein Restaurantführer und Patenonkel Robert G.

PS: Ja — auch ich hatte mal ein Pseudonym, doch wie wenig es meinem Weltruhm förderlich war, wird bereits daraus ersichtlich, daß es sich nicht einmal in der engeren Heimat durchsetzen konnte: Lützel Jeman. Mach es besser, Horst.

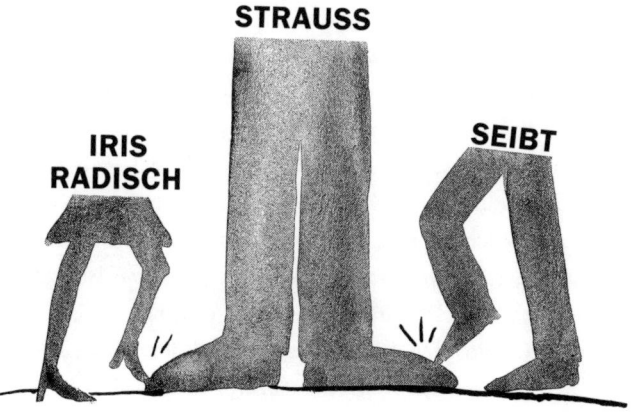

(Achtens: Vom Leiden)

Mein lieber Horst,

na, das sind doch mal gute Nachrichten! Deine Eltern bekümmert Dein Wunsch, Schriftsteller zu werden? Du leidest beim Gedanken, ihnen Schmerzen zu bereiten? Gratuliere! In ihrem tiefsten Grunde ist die Kunst ja nie etwas anderes gewesen als das probateste Mittel aus Leid Lied, aus Schmerz Werk und aus Kummer Kohle zu machen, und wenn mich bisher etwas an Deiner Berufung zum Künstler zweifeln ließ, dann die Tatsache, daß sich Deine herzensguten Eltern seit Jahren dadurch an Dir versündigen, daß sie Dir jeden Wunsch von den Lippen ablesen und stets ein offenes Ohr für Deine Probleme haben.

Eine glückliche Kindheit! Mit einer solchen Hypothek hätte kein Karl Philipp Moritz seinen Erstling *Anton Reiser* schreiben können, kein Hermann Hesse sein Romandebut *Unterm Rad*, kein Kafka seine erste Erzählung *Das Urteil* – da wäre nämlich einfach nichts gewesen, was sie sich ganz einfach hätten von der Seele schreiben müssen. Glücklich darf sich daher preisen, wer unglücklich aufwächst: »Schade, ich bekam von zu Haus wirklich verflucht wenig Kapital mit«, notiert der 28jährige Helmut Krausser 1993 in sein *Juni* betiteltes Tagebuch, doch dann fällt dem unterkapitalisierten Jungautor ein, daß da doch etwas auf der Haben-Seite steht: »Sieht man von den Folterungen ab, die ein

Leben lang Zorn spenden und nicht hoch genug zu bewerten sind.«

Wie Du am eigenen Leibe erfahren hast, wird nicht jedem Schriftsteller das Unglück gleich mit in die Wiege gelegt. Mancher muß bis zur ersten unerwiderten Liebe warten, um endlich losschreien und schreiben zu können: Wes das Herz leer ist …

Denk an Goethe, den erst die gottlob abweisende Charlotte Buff zum Dichter machte und auf den Werther brachte. Denk an Heinrich Heine, den — aber hier muß ich etwas weiter ausholen. Keiner hat seine Leiden derart ostentativ in Lyrik umgemünzt, keiner größeren Gewinn daraus gezogen. 1827 erschien sein *Buch der Lieder,* das programmatisch mit der Abteilung »Junge Leiden« beginnt. Bis zu seinem Tode 1856 kam das Werk auf 12 Auflagen und wurde »eine der erfolgreichsten Gedichtsammlungen, die je ein deutscher Dichter veröffentlicht hat« (Klappentext 1983).

»Aus meinen großen Schmerzen / Mach ich die kleinen Lieder«, dichtete der Jüngling und kam damit groß raus: »Und als ich euch meine Schmerzen geklagt / Da habt ihr gegähnt und nichts gesagt / Doch als ich sie zierlich in Verse gebracht / Da habt ihr mir große Elogen gemacht«, fügt der reife Dichter hinzu und freut sich der Tatsache, daß große Elogen auch hohe Verkaufszahlen bedeuten.

Freilich macht nicht ein jeder mit dem Besingen einer unglücklichen Liebe sein Glück. Als der Dichter Wolf Wondratschek seine Klage *Carmen oder bin ich das Arsch-*

loch der achtziger Jahre vorlegte, bekam er kaum Elogen, dafür aber vom Musiker Volker Kriegel die Gegenfrage zu hören: Wieso nur der achtziger? Halten wir also nach weiteren leidträchtigen Erlebnissen Ausschau.

War die unglückliche Liebe noch so etwas wie ein unverdientes Glück, so wollen andere Leiden regelrecht erarbeitet werden: Der kompromißlose Bohemien Knut Hamsun kann dank einschlägiger Entbehrungen seinen Welterfolg *Hunger* schreiben, der leidenschaftliche Zocker Dostojewski wird für niederziehende Nächte am Roulettetisch mit dem Roman *Der Spieler* belohnt, der Kleinkriminelle Jean Genet beginnt, wie vor ihm bereits de Sade, im Gefängnis damit, das Lob der Kriminalität zu singen: Tue Schlechtes und schreibe darüber.

Schreibe über Deine Opiumsucht wie de Quincey in *Bekenntnisse eines Opiumessers,* schreibe über Deine Heroinsucht wie William S. Bourroughs in *Junkie,* schreibe über Deine Alkoholsucht wie – ja wie nun? So dramatisch wie Jack London in *König Alkohol,* so episch wie Malcolm Lowry in *Unter dem Vulkan,* so poetisch wie Joseph Roth in *Die Legende vom heiligen Trinker?*

Damit wir uns nicht mißverstehen, lieber Horst: Ich will Dich weder zu Drogen noch zu Ausschweifungen animieren, zumal der Honig, der sich aus diesen Blumen des Bösen saugen läßt, längst in ungezählten Bücherwaben abgefüllt ist. Ich rate Dir allerdings, die leider nicht wiederkehrende Leidensbereitschaft und Entbehrungsfähigkeit der Jugend dafür zu nutzen, Dir ein Schmerz-, Leid- und Notränzlein für spätere, gemütlichere Schriftstellertage anzumästen – und dafür ist »Hunger« nunmal ein weit besserer Koch als »Übergewicht«.

Aus Schaden wird man reich – zumindest liefert er reichlich Anlaß zum Schreiben. Das mag zum Abschluß ein kleines Abenteuer aus dem leben des Schriftstellers Klaus Modick belegen, das mir von unserem gemeinsamen Freund, dem Schriftsteller Bernd Eilert, mitgeteilt wurde. In Rom begegnen die beiden einem älteren Deutschen, der ihnen seine Leidensgeschichte erzählt: Die Frau liege mit Herzinfarkt im Krankenhaus, er selber sei just ausgeraubt worden, die deutsche Botschaft habe geschlossen, er, der gutsituierte Kneipier aus Düsseldorf – hier die Adresse der Kneipe, hier die Telefonnummer! –, befinde sich an diesem Wochenende im Zustand völliger Mittellosigkeit, ob die Herren mit einer kleinen, natürlich sobald als möglich zurückzuzahlenden Summe aushelfen könnten? Bewegt legten Eilert und Modick Geld zusammen, mit besten Wünschen überreichten sie dem Alten 160 Tausend Lire – damals runde 140 Mark – und sahen und hörten nie wieder etwas von dem Schwindler. Da nun hätte der normale Bürger sein Geld abgeschrieben, nicht so der Künstler: Der schreibt die Geschichte auf, verkauft sie unter dem Titel *Römisches Tagebuch* an den ›Rheinischen Merkur‹ und erhält dafür 400 Mark Honorar: Leichtsinn trägt Zinsen.

In diesem Sinne: Alles Schlechte! Dein es mit Dir gut meinender Patenonkel Robert G.

PS: Ein Unglück zumindest wurde Dir in die Wiege gelegt: Dein weltweit unaussprechlicher Name Horst Streugöbel. Aber glaube mir: Das vermeintlich gängige Pseudonym Igor Incasso wählen hieße nun wirklich den Teufel mit dem Beelzebub austreiben wollen!

Mein lieber Horst,

bevor Du Dich, wie angekündigt, in weitere Leiden stürzt, »um *total* zum Künstler zu reifen«, muß ich Dich mit aller Entschiedenheit zurückpfeifen.

Kunst speist sich aus vielen Quellen, das Leid zählt unter die beiläufigeren; wie der GLAUBE (an die eigene Berufung), die HOFFNUNG (dank der Kunst reich und berühmt zu werden) und die LIEBE (zum flotten Künstlerleben) – alles Zuflüsse, die sich moderat ausnehmen neben jenem Hauptstrom, der die Kunst seit Jahrtausenden speist: die Kunst.

Ja, Horst, Kunst kommt von Kunst, Kunst nährt sich von Kunst, Kunst vergeht und aufersteht in Kunst: ein fast autochthoner Kreislauf, der an selbstregulierte und selbstgenügsame Klimazonen wie den tropischen Regenwald erinnert, der ebenfalls alles an Feuchtigkeit und Dünger produziert, was er zu seiner Fortexistenz benötigt – doch warum eigene Worte für einen Vorgang suchen, wenn Georg Christoph Lichtenberg sie bereits vor gut 200 Jahren gefunden hat: »Man klagt über die entsetzliche Menge schlechter Schriften, die jede Ostermesse herauskommen. Ich sehe das schlechterdings nicht ein. Warum sagen die Kritiker, man soll die Natur nachahmen? Diese Schriftsteller ahmen die Natur nach, sie folgen ihrem Triebe so gut wie die großen. Und ich möchte nur wissen, was irgend ein organisches

Wesen mehr tun könne als seinem Triebe folgen? Ich sage: seht die Bäume an, zum Exempel die Kirschbäume, sagt, wieviele Kirschen von den grünen werden da reif? Nicht der 50te Teil; die anderen fallen ab. Wenn nun die Kirschenbäume Makulatur drucken, wer will es den Menschen wehren, die doch besser sind als die Bäume? ... Anstatt mich also über die überhandnehmende Schriftstellerei zu beklagen, bete ich vielmehr die hohe Ordnung der Natur an, die es überall will, daß von allem, was geboren wird, ein großer Teil zu Dünger wird und zu Makulatur, welches eine Art Dünger ist.«

Die Makulatur düngt, die Früchte aber nähren den Esser, zudem kann er aus ihren Kernen weitere fruchttragende Bäume ziehen; bis auf den heutigen Tag haben es Dichter denn auch verstanden, sich mit Geschick die traditionell fruchtbarsten Bücher zunutze zu machen: Die Bibel (Thomas Mann: *Joseph und seine Brüder Band I–IV;* Joseph Roth: *Hiob;* Robert Gernhardt: *Das Buch Ewald),* die griechischen Sagen und Mythen (James Joyce: *Ulysses;* Jean Cocteau: *Orphée;* Christa Wolf: *Kassandra),* die Artussage (Tankred Dorst: *Merlin;* Christoph Hein: *Die Ritter der Tafelrunde;* Adolf Muschg: *Der Rote Ritter)* – um nur drei besonders ehrwürdige Stofflieferanten zu nennen.

All diese Nachfolgebücher verdanken sich der vollkommen legalen Nutzung von Lesefrüchten, und ein unbefangener Geist wie Goethe fand nichts dabei, Nachbars Garten noch unbedenklicher zu plündern: »So singt mein Mephistopheles ein Lied von Shakespeare – und warum sollte er das nicht?« fragt er am

18. Januar 1825 den wohlweislich stillschweigenden Eckermann. »Warum sollte ich mir die Mühe geben, ein eigenes zu erfinden, wenn das von Shakespeare eben recht war und eben das sagte, was es sollte? Hat daher auch die Exposition meines ›Faust‹ mit der des ›Hiob‹ einige Ähnlichkeit, so ist das wiederum ganz recht, und ich bin deswegen eher zu loben als zu tadeln.«

Freilich, wie der Lateiner sagt – nein, Horst, der sagt nicht freilich, der sagt vielmehr: Quod licet Jovi non licet bovi, und das bedeutet auf unsere Literaturgeschichte übertragen: Was Goethe erhöhte, bekam Brecht schlecht.

Denn als Bertolt Brecht so ziemlich genau 100 Jahre später ebenfalls Stoff und Details seiner *Dreigroschenoper* bei Kollegen entlehnte, erntete er vom Kritiker Alfred Kerr statt Lob Hohn. Nicht weil er Handlung und Personal von John Gays *Beggars Opera* übernommen hatte, nicht, weil unter einigen der Dreigroschen-Songs der Zusatz »Nach F. Villon« stand, sondern weil einige dieser Zeilen »nach F. Villon« eine verteufelte Ähnlichkeit mit einer Villon-Übersetzung aufwiesen, die ein Herr Ammer zwanzig Jahre zuvor veröffentlicht hatte.

> Ihr Herrn, urteilt jetzt selbst: ist das ein Leben?
> Ich finde nicht Geschmack an alledem.
> Als kleines Kind schon hörte ich mit Beben:
> Nur wer im Wohlstand lebt, lebt angenehm.

So lautete der Original-Ton Brecht, und so heißt es im Original von Villon/ Ammer:

Ihr Herrn, urteilet selbst, was mag mehr frommen!
Ich finde nicht Geschmack an alledem.
Als kleines Kind schon hab ich stets vernommen
Nur wer im Wohlstand schwelgt, lebt angenehm.

Kerr höhnt: »Mit ehrfürchtigem Staunen erkennt man: daß der vergriffene K. L. Ammer 1907 geahnt hat, was der Zeitdichter Brecht einst dichten würde« – Brecht stöhnt über so viel Ehrpussligkeit: »Es wird eine Erklärung verlangt. Ich erkläre also wahrheitsgemäß, daß ich die Erwähnung des Namens Ammer leider vergessen habe. Das wiederum erklärt sich mit meiner grundsätzlichen Laxheit in Fragen des geistigen Eigentums.«

Sodann geht er zum Gegenangriff über: »Natürlich basiert so ziemlich jede Blütezeit der Literatur auf der Kraft und Unschuld ihrer Plagiate ... Von den großen sensationellen Fällen, wo es dem Autor glückte, ganze Akte einzuverleiben, wie sie Shakespeare reichlich zu verzeichnen hat, abgesehen, ist ja für den Theaterschreiber jede Äußerung irgendeines Theaterschreibers ebenso als Material begrüßenswert wie die eines Götz von Berlichingen oder eines Herrn Henschel« – also von Dramenhelden eines Goethe resp. eines Gerhart Hauptmann.

Aber was ist mit Shakespeare? Ist er wirklich jener Meisterplagiator, als welchen ihn Brecht hinzustellen sucht? Auf jeden Fall herrscht in der Forschung Einigkeit darüber, daß er bei der Abfassung seiner Dramen munter alle damals verfügbaren Plantagen, den Boccaccio, den Chaucer, den Plutarch u. a. geplündert hat – »variiert auf meisterhafte Weise vorgefundene Strukturmuster und Motive« nennt man ein solches Vorgehen in der shakespearehörigen Sekundärliteratur.

Was einer sich herausnehmen darf, hängt nicht zuletzt davon ab, wie genau ihm auf die Finger geschaut wird. Seit Shakespeares und Goethes Zeiten ist die Kontrolle geistigen Eigentums ohne Frage ständig verschärft worden; dennoch darf sich auch heute jeder Dichter bei jedem Kollegen ungestraft bedienen, sofern er sich an zwei Regeln hält: Der Kollege sollte hinlänglich berühmt und das fragliche Werk einigermaßen bekannt sein. Als Brecht beim namenlosen – und ungenannten – Ammer abgriff, war das »Haltet-den-Dieb-Geschrei« groß, als er dagegen die folgenden Zeilen in seine *Liturgie vom Hauch* aufnahm

> Darauf schwiegen die Vöglein im Walde
> Über allen Wipfeln ist Ruh
> In allen Gipfeln spürest du
> Kaum einen Hauch

herrschte Schweigen im Blätterwald, trotz der Tatsache, daß Brecht diese Goethenutzung – diesen Goetheklau? – in seinem Gedicht fünfmal leicht variiert wiederholt. Die direkte Übernahme allgemein bekannter Zeilen gilt nämlich nicht als Plagiat, sondern als Zitat; ebenso legitim ist der Gegengesang, besser bekannt unter seinem griechischen Namen »Parodie«.

Fragen eines lesenden Arbeiters heißt ein berühmtes Gedicht Bert Brechts aus den Jahren der Emigration:

Wer baute das siebentorige Theben?

heißt es da und,

Der junge Alexander eroberte Indien.
Er allein?
Cäsar schlug die Gallier.
Hatte er nicht wenigstens einen Koch bei sich?

Und es schließt:

Jede Seite ein Sieg.
Wer kochte den Siegesschmaus?
Alle zehn Jahre ein großer Mann.
Wer bezahlte die Spesen?
So viele Berichte.
So viele Fragen.

Soweit Brecht 1935. Und so klang das 1981 bei mir:

Fragen eines lesenden Bankdirektors

Der große Julius Cäsar eroberte Gallien –
was der alles um die Ohren hatte!
Lukullus bezwang die Thraker –
und dann hat er ja auch noch hervorragend gekocht!
Bischof Beutel baute den Kölner Dom –
das muß ein unheimlich dynamischer Geistlicher
gewesen sein!
Jedes Jahr ein Sieg –
wo ist eigentlich mein Terminkalender?

Alle zehn Jahre ein großer Mann –
wo mein Terminkalender ist?!
So viele Fragen –
Ach, da ist er ja! Wenn man nicht *alles* selber macht!

Ja, auch das ist statthaft – jedenfalls hat noch keiner der sonst so adleräugigen Brecht-Erben unter Hinweis auf lyrischen Gebrauchsmusterschutz an mein Portemonnaie geklopft, und bei Dichtern, die länger als siebzig Jahre tot sind, ist Polen ohnehin offen: Zu diesem Zeitpunkt nämlich erlischt das Urheberrecht. Doch vermutlich hätte Joseph von Eichendorff auch zu Lebzeiten wenig gegen die Methode einzuwenden gewußt, dank derer ich mit Hilfe der Anfangs- und der Schlußzeile eines seiner schönsten Gedichte nicht nur ein neues, eigenes Gedicht, sondern eine ganz neue Gedichtform entwickelte, den von mir so getauften »lyrischen Sandwich«.

Dämmrung will die Flügel spreiten,
Schaurig rühren sich die Bäume

so beginnt Eichendorffs Gedicht *Zwielicht,* und so lauten die beiden letzten der insgesamt sechzehn Zeilen:

Manches bleibt in Nacht verloren –
Hüte dich, bleib wach und munter!

Zwielicht, lieber Horst, ist mir von Eichendorffs Gedichten immer besonders teuer gewesen, dennoch konnte

ich der Versuchung nicht widerstehen, zwischen die erste und die letzte Zeile die folgende neue Füllung ein-
zuschmuggeln – ein Koch würde von einer »Farce«
sprechen:

> *Dämmrung will die Flügel spreiten,*
> wird uns alsobald verlassen,
> willst du ihren Flug begleiten,
> mußt du sie am Bürzel fassen.

> Freilich, mancher, der so reiste,
> fiel aus großer Höh' hinunter,
> weil er einschlief und vereiste.
> *Hüte dich, bleib wach und munter.*

Zu zwei Sätzen zu Eichendorff nennt sich dieses Füllwerk,
andere meiner Gedichte sind überschrieben *Zu einem
Satz von Mörike, Auf der Fahrt von Ringel nach Natz notiert* oder *Terzinen über die Vergeßlichkeit, nach Kuno von
Hofmannsthal* – und dabei handelt es sich um das möglicherweise fragwürdigste Beispiel meiner Annexionsly-
rik.

Terzinen über Vergänglichkeit hatte Hugo von Hofmannsthal jene tiefsinnigen Verse betitelt, die also beginnen:

> Noch spür ich ihren Atem auf den Wangen:
> Wie kann das sein, daß diese nahen Tage
> Fort sind, für immer fort, und ganz vergangen?

Und *so* beginnen meine Terzinen:

> Noch spür ich ihren Dingens auf den Wangen,
> Wie kann das sein, daß diese nahen Tage
> Dings sind, für immer fort und ganz vergangen?

So endet Hofmannsthal:

> Dann: daß ich auch vor hundert Jahren war
> Und meine Ahnen, die im Totenhemd,
> Mit mir verwandt sind wie mein eignes Haar,

> So eins mit mir als wie mein eignes Haar.

Und *so* ende ich:

> Dann: daß ich auch vor Jahren hundert war
> Und meine Ahnen, die im roten Hemd
> Mit mir verdingst sind wie mein eignes Haar.

> So dings mit mir als wie mein eignes Dings.

Horst – ich würde niemandem ins Wort fallen, der diese Zeilen mit dem Satz abtut: Das vergessen wir mal lieber ganz schnell. Daß das, was ich den Gedichten angetan habe, nicht justiziabel ist, ersiehst Du aus der Tatsache, daß ich noch immer auf freiem Fuß bin. Aber es gibt ja auch so etwas wie geistigen Anstand und literarische Sitte – habe ich etwa gegen die verstoßen, gar ästhetische Schuld auf mich geladen?

Die soeben erwähnten Gedichte finden sich im 1981 erschienenen *Wörtersee;* 1985 stieß ich auf eine unerwartete Verteidigungsschrift, ein Buch, das Andreas Thalmayr alias Hans Magnus Enzensberger just als Auftaktband der Anderen Bibliothek herausgegeben hatte: *Das Wasserzeichen der Poesie oder die Kunst und das Vergnügen, Gedichte zu lesen* – es könnte auch heißen: *und das Vergnügen, Gedichte zu zerstören,* was gleichbedeutend ist mit dem *Vergnügen, Gedichte zu machen:*

»Die einzig richtige Art, ein Gedicht zu lesen, gibt es nicht«, heißt es im Nachwort. »Damit soll nichts gegen die Arbeit der Philologen gesagt sein. Aber ihre Treue ist nur eine unter vielen Möglichkeiten, die wir haben, einen Autor beim Wort zu nehmen. Man kann ihn auch nacherzählen, oder rückwärts lesen, oder verspotten, oder bestehlen, oder weiterdichten, oder übersetzen … Lesen heißt immer auch … zerstören und wieder zusammensetzen. Dabei entsteht allemal etwas Neues. Ein Klassiker ist ein Autor, der das nicht nur verträgt; er verlangt es; er ist nicht totzukriegen durch unsere liebevolle Rohheit, unser grausames Interesse.«

Machen Dir diese Zeilen Lust, bei diesen Spielen mitzutun? Dann haben sie zumindest *den* Zweck erfüllt, daran zu erinnern, daß das leidige Literatenleben auch seine lustigen Seiten hat und das lebenslange Literaturmachen sowieso. Lach mal wieder! Das wünscht Dir Dein Lebenshelfer und Patenonkel Robert G.

PS: Ja, es gibt Tricks zur Pseudonymbildung. Eduard Schmidt beispielsweise, ein während der ersten Jahrhunderthälfte sehr erfolgreicher Autor, kombinierte Vor- und Nachnamen und wurde als Kasimir Edschmid bekannt. Daß »Igor Hostreugöbel« einen ähnlichen Erfolg hätte, darf bezweifelt werden. Ob Du mit einer rabiaten Zusammenziehung wie »Igor Hobel« besser fahren würdest? Oder mit der äußersten Verknappung »Igel«? Ich habe da so meine Bedenken …

Mein lieber Horst,

wo Du recht hast, hast Du recht: In meinem scheinbar ausführlichen Brief über Verlage und Verleger ist lediglich davon die Rede, wie man *keinen* Verlag findet – dadurch z. B., daß man ein Manuskript zusendet. Wie aber findet man einen?

Vor dieser Frage standen im Jahre 1973 zwei nicht mehr ganz blutjunge Dichter, nennen wir sie ruhig F. W. Bernstein und Robert Gernhardt, die gerade ihren ersten Gedichtband zusammengestellt hatten und nun überlegten – aber nein, es war alles ganz anders:

Seit Jahren bereits dichteten und veröffentlichten die beiden. 1966 hatten sie gemeinsam mit F. K. Waechter das Sammelwerk *Die Wahrheit über Arnold Hau* vorgelegt, ein Buch, das neben Bild, Bildergeschichte, Szenen und Prosa auch Gedichte enthielt, darunter F. W. Bernsteins Zweizeiler, der in den 70ern bereits als geflügeltes Wort kursierte: »Die schärfsten Kritiker der Elche / waren früher selber welche.«

Seit 1964 war zudem *WimS* die Plattform für ihr lyrisches Schaffen, *Welt im Spiegel,* ein Nonsensreservat inmitten der satirischen Zeitschrift ›pardon‹, das in bestimmten Kreise einen gewissen Kultstatus genoß.

All das blieb nicht unbemerkt. Der Schriftsteller Michael Schulte kannte und mochte die Sachen, er hatte in seinem, dem Piper Verlag davon erzählt und Kostproben vorgelesen. Sie hätten gefallen, sagte uns Schulte und regte an, doch ein Buch aus den Gedichten und Bildgedichten der vergangenen Jahre zusammenzustellen – Piper habe Interesse.

Hatte Piper leider nicht, da wir unser Manuskript *Besternte Ernte* nach langem Schweigen am 25. März 1974 zurückbekamen, begleitet von so kurzen wie kühlen Zeilen:

»... Leider sehen wir keine Möglichkeit zur Veröffentlichung Ihrer Arbeit, da wir innerhalb unseres Verlagsprogramms, das hauptsächlich auf Prosa ausgerichtet ist, nur sehr beschränkten Raum für Gedichte zur Verfügung haben, der bereits auf Jahre hinaus mit anderen Projekten belegt ist. Bitte haben Sie Verständnis ...

Mit freundlichen Grüßen Lektorat Regine Baumgärtel.«

Damals empfand ich diese Worte als kränkend, vor allem den auf Jahre hinaus belegten Gedicht-Raum – schließlich hatten nicht wir uns im Piper Verlag einquartieren wollen, er selber hatte signalisiert »Zimmer frei«, heute weiß ich es besser: Der Brief sollte uns schonend auf *das* vorbereiten, was das Schicksal noch für uns und unser Manuskript in petto hielt.

»Ich muß Dir die *Besternte Ernte* leider zurückschikken – das ist nichts für uns«, schrieb Michael Krüger im Namen des Hanser Verlags, winkte dann aber mit einem von Verlagen fast kultisch verehrten Zaunpfahl, dem Erfolg eines anderen Buches eines anderen Autors: »Worüber wir mal sprechen sollten, das wäre ein gezeichneter Geschichtenband. Ich weiß nicht, ob

Du das Buch von Halbritter, das gerade erschienen ist, gesehen hast. Es läuft wie die Feuerwehr und gibt dem Verlag Mut, in dieser Richtung etwas zu machen.«

Ja, ich hatte das Buch des langjährigen Freundes natürlich gesehen, *Halbritters Tier- und Pflanzenwelt,* eine Nonsens-Naturkunde in Bild und Wort. Bernstein und ich aber wollten nach wie vor ein Gedichtbuch machen, unverzagt schrieb ich weitere Verlage an. Auch den Diogenes Verlag und seinen Cheflektor Gerd Haffmans, dessen damaliges Urteil ich bis heute nicht kenne, da ich darum gebeten hatte, auf Ablehnungsvordrucke zu verzichten und das Manuskript bei Nichtverwendbarkeit kommentarlos zurückzuschicken. Es kam kommentarlos zurück.

Dann aber, nach all diesen steinigen Abwegen, schien sich uns eine breite Prachtstraße zum Erfolg zu öffnen: Harry Rowohlt, Freund und Schwimmbruder sowie Abkömmling und, wie man in Frankfurter Literatenkreisen munkelte, Mitbesitzer des gleichnamigen Verlags, erbot sich, das Manuskript der *Besternten Ernte* Heinrich Maria Ledig-Rowohlt ans Herz zu legen, seinem Bruder und Geschäftsführer des Rowohlt Verlags in Reinbek bei Hamburg – eine Vitamin-B-Spritze, wie sie gezielter nicht vorstellbar war; B gleich Beziehungen.

Und die schien Wirkung zu zeigen. Harry berichtete, mein Zweizeiler »Der Bär schaut seinen Ziesemann / nie ohne stille Demut an« habe seinem Bruder, dem Verleger und Liebhaber von James Thurber und Übersetzer der Nonsens-Verse von Ogden Nash, eingeleuchtet: schon immer sei es sein Wunsch gewesen, ein Buch über narzißtische Bären zu machen – doch in der Folgezeit war von einer regelrechten Hard-cover-Ausgabe des Werks nicht mehr die Rede, statt dessen trat das Manuskript nach langer Funkstille eine irritierende Irrfahrt durch die Lektorate des Taschenbuchprogramms an.

Davon freilich wußte ich noch nichts, als ich am 1. November 1974 die folgende Frage an Dr. Matthias Wegner richtete: »Mein Brief betrifft das Manuskript ›Besternte Ernte‹, das, wie ich von Harry hörte, möglicherweise im Rahmen des Rowohlt-Taschenbuch-Verlages erscheinen soll. Vorerst wüßte ich lediglich gern, ob das seine Richtigkeit hat … Trifft die Vermutung nicht zu, so bitte ich darum, das Manuskript zurückzuschicken.«

Die Antwort des damaligen Leiters des Rowohlt-Taschenbuch-Programms Dr. Matthias Wegner ließ nicht lange auf sich warten. Am 18. November 1974 teilte er mir mit: »Ich habe Harry Rowohlt in der Tat gesagt, daß wir eine Veröffentlichung des Manuskripts ›Besternte Ernte‹ in Erwägung ziehen würden. Ich habe mir das Manuskript aber jetzt noch mal angesehen und vermag mir danach die Form des Buches nicht ganz vorzustellen (inwieweit illustriert, inwieweit sind die beigefügten Skizzen verbindlich für die Anzahl der Illustrationen, wie viele und welche Illustratoren sollen mitarbeiten etc.). Ich bekenne aber, daß ich hinsichtlich des Absatzes dieses Bändchens sehr skeptisch bin, und frage mich, ob das Taschenbuch für Ihre Verse wirklich die geeignete Form darstellt. Sie sehen also, ich bin etwas unsicher.«

Zeilen, die auch mich verunsicherten: Seit über zehn Jahren veröffentlichten Bernstein und ich Zeichnungen in Sammelwerken und überregionalen Zeitschriften, unser Manuskript war durchsetzt von selbstredend selbstgezeichneten Bildgedichten beider Beiträger – und nun fragte mich Dr. Wegner, »wieviele und welche Illustratoren mitarbeiten sollen«: Ich erinnere mich, in einer ersten Aufwallung von Unmut an Bernstein geschrieben zu haben, ich wolle im nächsten Brief an den Rowohlt Verlag »Picasso oder Kubin als Illustratoren vorschlagen; wenn die nicht, dann gar keine«, doch dann äußerte ich mich wesentlich moderater, ja scheißfreundlich, trotz des steten Stachels, daß einer Taschenbuchausgabe normalerweise die gebundene Version eines Buches vorausgeht, unser Werk also von vornherein als Schmuddelkind zur Welt kommen sollte. Besser so als gar nicht, dachte ich und versicherte Dr. Wegner am 2. Dezember 1974, wir hätten dem Manuskript nicht zufällig Bildgedichte beigefügt: »Sowohl Bernstein als auch ich zeichnen und schreiben; obwohl es sicher viele hervorragende Illustratoren gibt, glaube ich, daß wir dazu imstande sind, den Bildteil des Bändchens auf die angemessenste Weise zu gestalten … Es wäre schön, wenn diese Zeilen dazu beitragen könnten, Ihre Entscheidung zu erleichtern oder – zumindest – zu beschleunigen.«

Bereits am 5. Dezember reagierte der Verlag. Gunda Meyer-Lübcke bat mich um Verständnis dafür, daß

Dr. Wegners Antwort etwas auf sich warten lassen werde: Bis Weihnachten sei er im Krankenhaus, danach verreist, aber »Dr. Wegner wird Ihnen gleich nach seiner Rückkehr Mitte/Ende Januar schreiben.«

Am 17. Februar 1975 hatte ich immer noch nichts gehört, beherzt griff ich zur Feder und bat darum, »Dr. Wegner noch mal an das Manuskript erinnern zu dürfen«, es gehe schließlich schon munter auf den März zu.

Der war fast vorbei, als ich Post aus recht befremdlicher Abteilung bekam.

»i. A. Dr. Wolfgang Müller – Sachbuchredaktion (nach Diktat verreist)«

ließ mir durch

»i. A.

Inga Ritzel«

mitteilen: »Wir entschuldigen uns dafür, daß dieser Brief mit der definitiven Antwort auf Ihr Publikationsangebot so lange auf sich warten ließ. Inzwischen hat Herr Dr. Wegner mir die ›Besternte Ernte‹ zur Lektüre übergeben. Meinem Eindruck und dem Gelächter der Kollegen nach läßt sich aus dem Fundus ein Taschenbuch zusammentragen, das ›Pardon‹-Leser und Leute mit Sinn für Wortwitz in Entzücken versetzen wird. Nach einem Gespräch mit Dr. Wegner können wir Ihnen eine Veröffentlichung anbieten, die allerdings aus Gründen der langfristigen Programmplanung nicht vor Mai 1976 stattfinden kann. Wir wären Ihnen dankbar, wenn Sie diese lange Frist akzeptieren könnten. Vorschläge zur Form des Buches folgen nach Ostern.«

Am 21. April antwortete ich Herrn Müller, ohne mein Befremden darüber verlauten zu lassen, daß sich ausgerechnet die Sachbuchredaktion unserer Nonsensgedichte angenommen habe. Auch insistierte ich nicht darauf, daß Ostern bereits verstrichen sei, statt dessen bat ich darum, die angekündigten Vorschläge bis spätestens Anfang Juli zu erfahren: »Dann könnten Bernstein und ich uns zusammensetzen, um unsererseits das Manuskript durchzugehen; mittlerweile liegt es fast ein Jahr beim Rowohlt Verlag, ich denke, daß wir – in der Zwischenzeit gereift – das eine oder andere Gedicht gegen neuentstandene austauschen wollen.«

Ein Brief, in welchem ich so gut wie alles falsch gemacht hatte, was ein Autor angesichts eines unübersichtlichen und daher unberechenbaren Verlags nur falsch machen kann: Der Autor sollte keinerlei Fristen einräumen, sondern auf einem verbindlichen Zeitplan bestehen. Er sollte nicht die Textgestalt seines Werkes in Zweifel ziehen, sondern zu erkennen geben, daß jede Änderung einen schwerwiegenden Eingriff in einen wohldurchdachten Organismus bedeute. Und er sollte vor allem einen Vorschuß fordern und einstreichen, da der das einzige Gleitmittel darstellt, welches den Verkehr zwischen Autor und Verlag reibungsloser gestaltet: Wer schon mal für etwas gelöhnt hat, will damit auch in absehbarer Zeit Geld machen. Die Quittung für soviel Unprofessionalität wurde uns denn auch eiskalt hinter alle vier Ohren geschrieben.

Erst einmal hörte ich nichts mehr vom Verlag, weshalb ich am 25. Juli den Herrn Müller von der Sachbuchredaktion an unser Manuskript erinnerte: »Im April schrieb ich Ihnen, daß es schön wäre, wenn ich bis zum Juli von Ihnen hören könnte; und nun ist der Juli ins Land gegangen, heiß und garbenschwer. Könnten Sie mir die in Ihrem Brief vom 26. März angedeuteten Vorschläge zur Form des Buches so bald wie möglich übermitteln? Ich möchte die ›Besternte Ernte‹ gerne noch in diesem Sommer in die Scheuern fahren. Bevor sie total verregnet oder auf dem Halm verdorrt.«

Metaphernsatte Sätze, die eine neue, gänzlich unerwartete Epoche in der schier endlosen Geschichte des in den Weiten des Rowohlt Verlags verlorenen Manuskripts einleiten sollten: Nach Dr. Matthias Wegner, Gunda Meyer-Lübcke, Dr. Wolfgang Müller und i. A. Inga Ritzel meldet sich am 30. Oktober 1975 »brigitta v. seebach« zu Wort, dezidiert kleingeschrieben, in der Sache jedoch großherzig:

»Ich hatte Ihnen vor einiger Zeit bereits am Telefon versucht klarzumachen, daß wir im Prinzip gern bereit sind, mit Ihnen ein Taschenbuch zu machen. Allerdings sind wir von Ihrer Manuskriptvorlage nicht rundherum angetan –«

Ein Telefonat, das ich verdrängt haben muß – ich kann oder will mich nicht mehr daran erinnern. Dafür erinnert sich brigitta v. seebach um so genauer:

»Wir möchten – wie Sie wissen –«

Ich weiß, daß ich nichts weiß

»keine Gedichtesammlung der ›Dichter‹ Gernhardt und Bernstein bringen, sondern ein lockeres, lecker aufgemachtes, witziges Buch mit originellen Zeichnungen und einigen Texten. Der Anreiz muß natürlich auch schon mit der Titelformulierung anfangen –«

»Du sollst nicht töten« – gilt dieses Gebot eigentlich auch angesichts von Kreaturen, die einen Gedichtband eine »Gedichtesammlung« nennen, die das Wort Dichter in ironische Gänsefüßchen setzen, die über Texte anderer befinden und ihrerseits einen »Anreiz mit der Titelformulierung« anfangen lassen? Reichte nicht zumindest der Schlußsatz des v. seebachschen Briefes aus, dem Empfänger unverzüglich eine *licence to kill* auszustellen: »Gehe ich eigentlich richtig in der Annahme, daß Sie zum Teil auch Texte für Otto Wahlke gemacht haben?«

Wie so oft zuvor griff ich auch diesmal nicht zum Revolver, sondern zur Schreibmaschine – allerdings scheine ich eine gewisse Zeit gebraucht zu haben, bis ich einigermaßen verbindlich zu formulieren in der Lage war: Erst am 30. Januar 1976 zerschneide ich das Leichentuch, das mich seit 1 ¾ Jahren mit dem Rowohlt Verlag verband.

Ich zitiere den Wunsch der Lektorin, »keine Gedichtesammlung« machen zu wollen, sondern ein »lockeres Buch« und fahre fort: »Das machte mich einigermaßen ratlos, schließlich hatte ich Ihnen einen Gedichtband angeboten; wenn Ihnen jemand einen Roman schickt, schreiben Sie ihm ja auch nicht, im Prinzip wollten Sie mit ihm ein Buch machen, nur eben keinen Roman, sondern eine Sammlung von Kochrezepten. Ich hoffe jedenfalls, daß das nicht die Regel ist. Daher schlage ich vor, daß wir den ganzen peinlichen Vorgang vergessen und Sie mir das Manuskript, das nun woanders erscheinen wird, wieder zuschicken.«

Woanders – Lutz Reinecke, heute Lutz Kroth, der Betreiber des Zweitausendeins-Versands, hatte Bernstein und mir angeboten, die *Besternte Ernte* in sein Versandprogramm aufzunehmen, schließlich laufe der Reprint des *Arnold Hau* nicht schlecht. Wenn es noch eines Anstoßes bedurft hätte, dieser Einladung zu folgen, dann war es brigitta v. seebachs letzter Brief, der mich Anfang Februar erreichte und in dem sie nach der anfänglichen Behauptung, ich hätte sie mißverstanden, mir *das* vorhielt, was bereits Michael Krüger vom Hanser Verlag zur *Besternten Ernte* eingefallen war, das erfolgreiche Buch eines anderen: »Wie Sie sich erinnern werden, hatten wir in gewisser Weise an ein Nachfolgebändchen für den so gelungenen Chlodwig Poth Band ›Mein progressiver Alltag‹ gedacht.«

Ein Bändchen, das innerhalb der Bandbreite komischer Möglichkeiten so etwas wie eine Gegenposition zum vergleichsweise zeitlosen Nonsens der *Besternten Ernte*-Gedichte einnahm: Poths zu Recht äußerst populäre Bildergeschichten handelten von Lust und Frust des linken Establishments der Nachsechziger Jahre.

Also bye, bye Buchhandel, hello Versandhaus: Im Spätsommer 1976 erschien die *Besternte Ernte* hübsch kartoniert im Zweitausendeins-Versand, wo es in 19 Jahren 85tausendmal verkauft wurde und den beiden Autoren auch noch weitere Genugtuung verschaffte. So lernte ich auf einer Buchmesse Dr. Matthias Wegner

kennen, mittlerweile in leitender Position für Bertelsmann tätig, der mich geradezu um Entschuldigung
dafür bat, daß ihm die Meriten unseres Büchleins damals so völlig entgangen waren.

Und was immer Gerd Haffmans 1974 von der
Besternten Ernte gedacht haben mochte – 1995 sorgten
er und sein Verlag dafür, daß das Werk in den Buchhandel kam: Zusammen mit dem Gemeinschaftswerk *Die
Wahrheit über Arnold Hau* und dem ausschließlich von
mir verantworteten Buch *Die Blusen des Böhmen* sind die
Gedichte seit Anfang dieses Jahres im Sammelband *Die
Drei* zu haben – ein Titel, der sowohl auf den Dreierpack der Bücher wie auf das Dreierpack der Autoren
bezug nimmt.

Na bestens, magst Du jetzt denken, lieber Horst, und
vielleicht denkst Du auch: Na und? Enden sie nicht
allesamt happy, diese Geschichten von Büchern und
Menschen? *Auf der Suche nach der verlorenen Zeit, Im
Westen nichts Neues, Der Leopard, Das Parfüm* – alle erst
von zig Verlagen abgelehnt, und dann weltweit diese
Riesenauflagen; in verdunkelten Verlagsbüros und Lek-
toraten aber beißen sich die verantwortlichen Herren
Ablehner pausenlos in den Arsch, während lächelnde
Autoren ein weiteres Zedernholzscheit auf das Kaminfeuer im Kamin ihres prachtvollen Landhauses legen
und fortfahren:

»Ich war schon drauf und dran, das Manuskript ins
Kaminfeuer zu werfen, aber erstens hatte ich damals ja
noch gar keinen Kamin, und außerdem wollte es der
Zufall, daß …« – aber bleiben wir auf dem Teppich.

Weder wurde die *Besternte Ernte* zur Belohnung für all die Ablehnung ein Welterfolg, noch stellte das Buch die Summe unserer, Bernsteins und meiner, Existenz dar, da wir, anders als z. B. Proust, keineswegs unser Leben unserem Werk geweiht oder gar diesem geopfert hatten.

Dennoch gebietet es mir meine Lebenserfahrung, dem jungen Menschen, der sich von mächtig ins Kraut geschossenen Werken umringt, ja umstellt sieht, in aller Deutlichkeit zu sagen, daß all diese hochstämmigen Gewächse einst auch nur keimendes Grün waren, anfällige Triebe, denen ein Zuwenig an nährendem Lob oder ein Zuviel an frostiger Ablehnung leicht den Garaus machen konnten; bereits ein erkennbarer Mangel an Anteilnahme vermochte über Weiterführung oder Abbruch einer Arbeit zu entscheiden. Das Künstlerleben ist hart, lieber Horst: In Momenten der Anfechtung genügt der Brief einer brigitta v. seebach, einen heinrich v. kleist seinen *prinzen v. homburg* den Flammen übergeben zu lassen. Daß überhaupt Kunstkeime überleben und Werke das Licht der Welt erblicken, verdankt sich nur selten Geburtshelfern und meist der brummenden Naivität der Gebärenden: Was raus muß, muß raus. Eine Tatsache, die Lichtenberg noch kürzer benannt hat: »Die Natur hat nur eine Regel für die Schriftsteller, und die läßt sich in zwei Worten fassen: Laßt's laufen.«

Auch Du, lieber Horst, wirst während Deiner Künstlerlaufbahn auf Deine brigitta v. seebachs treffen, auch Du wirst dann jenseits aller Anekdoten beweisen müssen, wer Du bist: Hammer? Oder Amboß?

Bis es so weit ist verbleibe ich mit dem herzlichsten Augurenlächeln, Dein Kunstveteran und Patenonkel Robert G.

PS: Ja, natürlich sind mir weitere Pseudonymisierungsmethoden geläufig. Mach es wie Christian Mayer, der sich Carl nannte und die Buchstaben des Nachnamens zu Amery umstellte – ein Einfall, dem auch Jean Améry (Hans Maier) seinen Schriftstellernamen verdankte. Aber ob es Igor Estrugeböl bringen würde? Oder mach es wie Erich Paul Remark, der unter dem zugleich rilkisierten und französisierten Namen Erich Maria Remarque weltberühmt wurde. Doch Hand aufs Herz: Würdest Du Dich als Horst Maria Streugeuble besser fühlen?

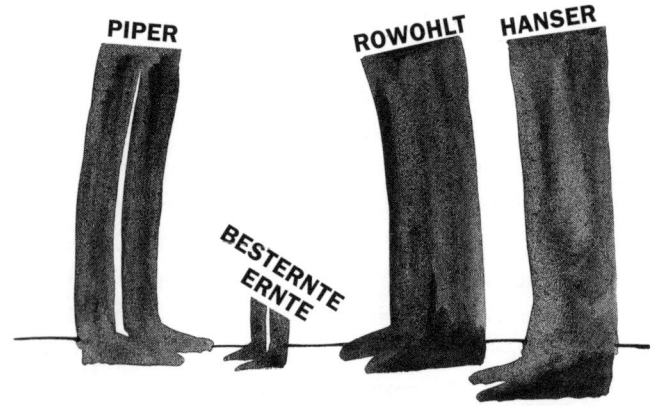

(Elftens: Von den Einkünften)

Mein lieber Horst,

es freut mich, daß Du meinen letzten Brief so begrif-
fen hast, wie er gemeint war, als, um Dein Wort zu benutzen, *challenge.* Allerdings kann ich Dir die beruhigen-
de Mitteilung machen, daß auch bei Künstlers nichts so
heiß gegessen wird, wie es formuliert wird.

Hammer oder Amboß – vermutlich wirst Du weder
dauernd der eine, noch ständig der andere sein, sondern
mal der, mal der, ein Hamboß also, der teils austeilt,
teils einsteckt, aber apropros »einstecken« – zu diesem
Thema hattest Du offenbar noch eine Frage, an welcher mich lediglich wundert, daß Du sie erst jetzt stellst:
Was verdient so ein Schriftsteller eigentlich?

In der Regel zuwenig, zumindest mit seinen Büchern.
Da alle Zahlen aus der Luft gegriffen wären, Auflagen
ebenso wie Prozente, will ich Dich lediglich auf zwei
schlichte Allgemeinplätze führen: Ein Bestseller gelingt
dem normalen Schreiber ebenso häufig wie ein Lotto-
hauptgewinn dem normalen Bürger; und: Zehntausend
verkaufte Bücher gelten bereits als Erfolg, weit darunter dümpelnde Auflagen sind die Regel – warum schreiben Schriftsteller dann eigentlich noch Bücher? Weil
man davon leben kann.

Noch immer nämlich umgibt den Buchautor eine
Aura, die dem Drehbuchautor nie zuteil würde. Auch,
ja gerade der, dessen Bücher kaum gekauft und wenig

gelesen werden, kann damit rechnen, daß er unter die förderungswürdigen Kulturträger gezählt und mit Einladungen zu Lesungen, mit Stipendien und Preisen bedacht wird. Tief im Herzen des Bürgers nämlich haust neben dem Wunsch nach Sicherheit die Bewunderung für jene Kompromißlosen, die ihr Leben ohne Absicherung ihrem Werk opfern, was einen bis heute ungelösten, ja unlösbaren Widerspruch zur Folge hat. Einerseits schauen die Nachgeborenen ungläubig auf ihre Vorgänger zurück, auf jene Barbaren, die Komponisten wie Mozart im Armengrab verscharrten, Dramatiker wie Büchner verfolgten, Romanciers wie Flaubert vor Gericht stellten und Malern wie van Gogh zu Lebzeiten lediglich ein Bild abkauften, weshalb die Späteren durch flächendeckende Kunstförderung zu verhindern suchen, daß sich diese Kulturschande in ihrer Generation wiederhole; andererseits gefährden all die Förderungen, Stipendien und Preise eben jene Unbedingtheit, welche den Künstler so wesenhaft vom Bürger unterschieden hatte: Offenbart nicht der, der einen Preis annimmt, für welchen Preis er zu haben ist?

Als relativ spätberufener Seiteneinsteiger in die Literaturszene überblicke ich die Topographie der Förderpreise, Stipendien und Literaturfonds nur sehr summarisch: Ich weiß um all diese Fleischtöpfe, ohne je hineingelangt zu haben. Weder war ich in Klagenfurt, um den Ingeborg-Bachmann-Preis zu erringen, noch habe ich je eine Projektförderung vom Darmstädter Literaturfonds erhalten, ich konnte also auch nicht in Kranichstein mit anderen Geförderten um die Wette lesen, in der Hoffnung, weiteres Geld oder einen New-York-Aufenthalt zu ergattern, und doch darf ich mich, was Preise angeht, nicht mehr Jungfrau nennen. 1983 konnte ich das noch, da schrieb ich in *Wahrhaftiger Bericht über das Berühmtwerden,* zu finden in dem Bändchen *Glück Glanz Ruhm:* »Beckett, der nicht zur Verleihung des Nobel-Preises erschienen war, Sartre, der ihn gar nicht erst angenommen hatte, das waren Helden nach Gs Geschmack, denen hätte er gern nachgeeifert. Das Vertrackte war lediglich, daß einen Preis nur ablehnen kann, wer ihn zuvor gewonnen hat. Das aber war G zeit seines Lebens nie widerfahren, selbst den Weihnachtsbuchpreis für den Klassenbesten, der doch ziemlich wahllos recht unterschiedlich talentierten Rabauken zugefallen war, hatte er nie erhalten. Trotzdem hätte er natürlich den Nobelpreis bereits prophylaktisch ablehnen und damit beide, Beckett wie Sartre, an edler Einfalt und stiller Größe ausstechen können: ›… möchte ich Sie daher bitten, mich schon mal gar nicht in Erwägung zu ziehen. Hochachtungsvoll G.‹«

Derlei Denkspiele setzen natürlich eine ganz spezielle Form der Unschuld voraus: Die dessen, der niemals in Versuchung geführt worden ist. Eine Unschuld, die mir in der Folgezeit, im Zuge eines langanhaltenden Preis-Pettings, langsam abhanden gekommen ist: Der erste Preis, der mir zugesprochen wurde, der »Jugendbuchpreis«, galt nicht mir allein; der zweite, der »Berliner Kritikerpreis« war undotiert; der dritte, der »Kulinarische Literaturpreis der Stadt Schwäbisch Gmünd«, wurde in Essensgutscheinen ausgezahlt; erst 1991 wurde ich wirklich auf die Probe gestellt: Eines schönen Abends klingelte das Telefon, und ein Herr Peter Härtling, der sich als Jury-Sprecher ausgab, fragte mich, ob ich der nächste »Stadtschreiber von Bergen« werden wolle, mit der Ehre seien 30 Tausend Mark steuerfrei verbunden, sowie das einjährige, kostenfreie Wohnrecht im volleingerichteten Stadtschreiberhaus incl. Telefonnutzung.

Schon mal prophylaktisch den Nobel-Preis abzulehnen, ist eine Sache, faktisch auf den »Stadtschreiber-Preis« zu verzichten, eine andere. Auch und gerade dann, wenn man, wie ich, das Geld und die Logis nicht unbedingt brauchte: Ich verdiente auch so genug und hatte ohnehin nicht die Absicht, meine geräumige Frankfurter Arbeitswohnung gegen das nahegelegene, verwinkelte Stadtschreiberhäuschen einzutauschen. Wenn ich – Telefonnutzung! – wenigstens eine Freundin in Melbourne gehabt hätte …

So aber stand ich mit gänzlich entschuldigungsleeren Händen da: Nahm ich den Preis an, so konnte ich mich nicht darauf hinausreden, der Not gehorcht zu haben. Was aber war es, das mir fortwährend einblies: Nimm doch, nimm doch?! Ruhmsucht? Geltungsdrang? Heitere Resignation: »O. k., o. k., ihr habt mich aufgestöbert und gestellt, ich ergebe mich in mein Schicksal« – ?

Wenn Du, lieber Horst, aus diesen Zeilen Skrupel heraushörst, liest Du richtig. Doch erwarte von mir keine schlüssige Antwort, sondern lediglich einen Erfahrungsbericht. Der freilich kann nur insofern von Interesse sein, wie er nicht ein Einzelschicksal, individuelle Marotten gar, referiert, sondern einen sozusagen hausgemachten Zwiespalt schildert, den ich nicht verschuldet hatte, sondern lediglich erlitt. Denn unüberhörbar war der ersten jene zweite Stimme beigesellt, deren »Nimm nicht, nimm nicht!« ebenso eindeutig war wie ihre Herkunft: Gleich allen anderen Ursprungsmythen und Unschuldslegenden des Bürgertums – der edle Wilde, die sinnliche Zigeunerin, das unschuldige Kind, der knorrige Landmann, der tumbe Tor, der neue Mensch – ist auch der reine Künstler natürlich eine Künstlererfindung.

»Das Lied, das aus der Kehle dringt, ist Lohn, der reichlich lohnet«, läßt der als Minister nicht ganz mittellose Dichter Goethe seinen »Sänger« sagen, einen Fahrensmann, der die vom König angebotene goldene Kette als »goldne Last« bezeichnet und seine Kunst als unbezahlbaren Naturvorgang darstellt: »Ich singe, wie der Vogel singt, der in den Zweigen wohnet« – und derart vogelgleich haben sich seither immer wieder Künstler über die Niederungen der plattmateriellen Welt erhoben.

Als mir 1983 die Idee gekommen war, den Nobelpreis vorbeugend abzulehnen, hatte ich bereits – zumindest – zwei Vorgänger. Zwei Männer des Worts, die vermutlich nichts voneinander wußten, als sie im gleichen Jahr, 1949, mit ihren Briefpartnern dieselbe Frage erörterten: Ob sie denn wohl im Fall der Fälle die Stockholmer Auszeichnung entgegennehmen würden?

Der eine, der amerikanische Autor Raymond Chandler, macht eine schlichte Kosten-Nutzen-Rechnung auf: »Wofür arbeitet ein Mensch? Für Geld?« fragte er seinen englischen Verleger Hamish Hamilton und antwortet: »Ja, aber in einem rein negativen Sinne. Ohne Geld läuft nichts, aber wenn man es einmal hat, dann sitzt man da und zählt's und weidet sich daran. Alles, was man zuwege bringt, beseitigt einen Grund, etwas zuwege bringen zu wollen. Wünsche ich mir, ein großer Schriftsteller zu sein? Will ich den Nobelpreis gewinnen? Nicht, wenn ich dafür schwer arbeiten muß. Zum Teufel, der Nobelpreis geht an zu viele zweitrangige Leute, als daß ich deswegen noch groß in Aufregung geriete. Außerdem müßte ich nach Schweden fahren, mich schnieke anziehen und eine Rede halten. Ist der Nobelpreis das alles wert? Verdammt noch mal, nein!«

Geschrieben am 22. Juni, im sonnigen kalifornischen Küstenort La Jolla. Auf den Tag genau vier Monate zuvor aber war Gottfried Benn im kalten Nachkriegsberlin zum gleichen Ergebnis gekommen: Nobelpreis nein danke!

Am 22. Februar antwortete er dem Freund und Briefpartner F. W. Oelze auf dessen Bemerkung, der diesjährige Nobelpreis gebühre von Rechts wegen nicht T. S. Eliot, dem Preisträger, sondern ihm, Gottfried Benn: »Nobelpreis. Bitte keine Witze! Ich weiß, wo ich hingehöre und wo nicht. Bis aufs Letzte werde ich meine Fragwürdigkeit verteidigen und immer von Neuem unter Beweis stellen!«

Fraglos ein hohes Gut, diese Fragwürdigkeit! Imponierend die Harschheit, mit welcher der Künstler darauf insistiert, daß er der ganz Andere sei, nicht zu vereinnahmen und nicht durch Geld zu zähmen. Eine

Schroffheit, die in ein milderes Licht, um nicht zu sagen: Zwielicht getaucht sieht, wer die Lektüre des Briefes fortsetzt: »Für die Verteilung scheint mir zur Zeit Thomas Mann ganz maßgeblich zu sein. Alles seine Spezis: Hesse, Gide, Eliot auch. Die Preisgekrönten haben nämlich Mitbestimmungsrecht bei den neuen Rittern, werden gefragt usw. ...«

Redete so ein Unbedingter? Warf der nicht vielmehr einen ziemlich berechnenden Blick auf den Nobelpreis: Krieg ich nicht – will ich nicht? Und galt das gleiche nicht auch für Chandler, der als Verfasser von Kriminalromanen ohnehin als Nobelpreiskandidat ausschied? Stand nicht die Enthaltsamkeit beider Autoren unter dem gleichen Motto, das ich bereits über meinen Absagebrief von 1983 hätte setzen können:

Verweigerung ist das Vergnügen

bei Preisen, welche wir nicht kriegen –?

Freilich darf selbst der beste Schriftsteller nicht damit rechnen, niemals einen Preis zu erhalten bzw. niemals zum Gegenstand einer Ehrung zu werden: Auch Benn ereilte 1951, fünf Jahre vor seinem Ableben, der »Büchner-Preis«, und Chandler wurde noch in seinem Todesjahr 1959 zum Präsidenten der »Mystery Writers of America« gewählt. Wie soll der Autor sich in einem solchen Fall verhalten? Um mit einer kurrenten Volksweisheit zu antworten: »Konsequent oder inkonsequent – aber nicht dieses ewige Hin und Her.«

Konsequent war Thomas Bernhards Reaktion, als er davon erfuhr, Ernst Jandl sei als Präsident der Grazer Autorenvereinigung bei Herbert Moritz, dem damaligen österreichischen Bundesminister für Unterricht, Kunst u. Sport, mit der Bitte vorstellig geworden, daß Thomas Bernhard »aufgrund seiner Verdienste um die österreichische Literatur der Titel Professor verliehen wird«. Befragt, ob er den »Berufstitel« auch annehmen werde, antwortete der Angeschriebene dem zuständigen Beamten am 27. März 1986: »Sehr geehrter Herr Dr. Temnitschka, ich nehme seit über zehn Jahren weder Preise noch Titel an und naturgemäß auch nicht Ihren lächerlichen Professorentitel. Die Grazer Autorenversammlung ist eine Versammlung von untalentierten Arschlöchern. Mit freundlichen Grüßen Ihr Thomas Bernhard.«

Konsequent handelte auch Theodor Fontane, als ihm 1891, im schon recht reifen Alter von 70 Jahren, der Schiller-Preis verliehen wurde, übrigens zusammen mit Klaus Groth. Zweimal, in Brief und Tagebuch, äußert er sich zu diesem Vorgang. Aus Kissingen schreibt er an Bertha Frenzel, die Gattin des Redakteurs Karl Frenzel: »Erst zwei Tage vor meiner Abreise brachte ich in Erfahrung, daß, bei Gelegenheit der Schillerpreisgeschichte, die Nationalzeitung freundliche Worte für den Beglückten gehabt hat. Mein Dankesgefühl ist um so größer, als ich mich kaum entsinnen kann, ein Ereignis der Art mit so sauersüßer Miene aufgenommen gesehen zu haben. Einige steinalte Geheimräte haben mir gratuliert, sonst ist das Nichtgratulieren mit einer Konsequenz durchgeführt worden, daß sie den Charakter von ›Charakter‹ annahm und mir beinah imponierte. Dies ist ganz ernsthaft gemeint. Solch gesinnungstüchtige Opposition ist doch immer noch besser als die krampfhafte Beglückwünschung mit dem ›Dolch im Gewande‹.

Am Erheiterndsten war meine junge Garde. Sie verfuhr wie jene Negerstämme, die sich erst einen Götzen machen und ihn prügeln, wenn er ihnen nicht mehr passt oder hinter ihren Erwartungen zurückbleibt.«

Im Tagebuch wird Fontane noch deutlicher: »Ende April erfahre ich, daß ich den Schillerpreis erhalten habe, was mich natürlich sehr erfreut, vielleicht am meisten wegen der dreitausend Mark. Denn mit der Ehre ist es so: Im Publikum sind einige (auch nicht viele), die's mir gönnen, unter den Kollegen eigentlich keiner; jeder betrachtet es als eine Auszeichnung, die meinen Anspruch darauf übersteigt. Nun, auch gut. Es ist nicht alles Schwindel, aber doch das meiste.«

Auch all die Reinheitsgebote in Sachen Kunst? Wie, wenn die ihren Ursprung nicht in schierer Unbedingtheit, sondern schnöder Mißgunst hätten? Für jemanden wie Witold Gombrowicz, den Verfasser des unsterblichen *Ferdydurke,* war das keine Frage. Als ihm im Jahre 1967 der »Internationale Verlegerpreis« zugesprochen wurde, 20 Tausend Dollar, damals eine Menge Geld, gönnte er sich ein »Autochen« sowie ein noch exquisiteres Vergnügen, das er ohne Scheu seinem Tagebuch anvertraut: »Sofort nach Erhalt des Preises fertigte ich mir eine Liste meiner literarischen Feinde, und auf gut Glück aus ihr den oder jenen herausfischend, sättigte ich mich in der Vorstellung mit dieser verzweifelten Säure …«

Bernhard, Fontane, Gombrowicz – wem, lieber Horst, wirst Du dermaleinst nacheifern, wenn Du Deinen ersten Preis empfängst? Oder gar Deinen ersten Ersten Preis? Das fragt schon mal prophylaktisch Dein Preisträger und Patenonkel Robert G.

PS: Solltest Du, lieber Horst, jemals in die Situation kommen, einem Kollegen eine Auszeichnung zu mißgönnen, dann möchte ich Dir als Formulierungshilfe ein »altes Wort« ans Herz legen, das für mich neu war, als ich unlängst in den Tagebüchern Friedrich Bodenstedts darauf stieß (Bodenstedt und Dingelstedt waren Münchener Literaten, beim »König« handelt es sich um den bayrischen König Maximilian II.): »3. Dezember 1857. Sehr mißfallen hat es mir, daß der König Dingelstedt den Kronenorden verliehen hat. In diesem Fall paßt wirklich das alte Wort: Früher haben sie die Lumpen ans Kreuz geheftet, heute heften sie die Kreuze an die Lumpen.«

NOBEL

CHANDLER

BENN

Mein lieber Horst,

der Punkt Deiner Künstler-Biographie, den ich mich in diesem Brief zu berühren anschicke, wird Dich möglicherweise er-, ja zurückschrecken lassen: Es geht um Deinen Tod.

Kann man denn selbst den planen? magst Du mir entgegenhalten. Nun, man kann zumindest seine Umstände so gestalten, daß er Mit- und Nachwelt zu Nachdenklichkeit und Legendenbildung anregt.

»Wen die Götter lieben, den nehmen sie früh zu sich«, ist eine solche Legende, von welcher bis heute so unterschiedliche Jungverstorbene wie Wolfgang »Wolferl« Mozart, Georg Büchner und Georg Heym profitieren, letzterer zusätzlich durch einen ungewöhnlichen Unfall umwittert: Tod beim Schlittschuhlaufen auf dem Wannsee (vgl. Heinrich von Kleist).

»Eine Kerze, die an zwei Enden brennt« – auch das wird Frühvollendeten gerne nachgerufen, besonders dann, wenn sie ihr Ende durch Hyperproduktivität, Stress und Drogen beschleunigt und befördert haben. Der Dramatiker Werner Schwab ist der vorerst letzte Vertreter dieser Hinscheidespielart, die er um zwei zusätzliche Glanzlichter bereicherte: Eine ungeklärte Todesart – Alkoholvergiftung? – in der letzten Nacht des Jahres plus Fund der letzten Zeile seines letzten vollendeten Dramas in der Tasche des zuletzt getragenen Jacketts.

Natürlich ist das alles niemandem zu wünschen, weder ungesundes Leben und früher Tod, noch der letale Unfall – trotzdem ist nicht zu leugnen, daß es dem Nachruhm zuträgliche Abgänge gibt und solche, von denen man besser die Finger lassen sollte.

Einfach mit dem Flugzeug abstürzen, womöglich als einer von 180 Passagieren: banal.

Allein mit einer Maschine über dem und im Mittelmeer verschwinden, nachdem man bereits in Büchern Glück und Gefahr des Fliegens besungen hat, wie Saint-Exupéry: Das hat Stil.

Wie ja jede Beziehung zwischen Werk und Tod mit respektvollem Schauder registriert wird. Camus, der Künder des Absurden, stirbt im Auto, das der Fahrer auf gerader Strecke gegen den einzigen Baum weit und breit gesetzt hat: Kann man noch absurder abtreten? Ingeborg Bachmann verbrennt im Bett, gelähmt durch Whisky und Tabletten, so, wie die Icherzählerin ihres Romans *Malina* es für sich befürchtet hatte: Hat die Dichterin ihr Ende geahnt?

»Rolf Dieter Brinkmann ist in London, kurz bevor 1975 nach langem Schweigen sein Gedichtband *Westwärts 1 & 2* erschien, von einem Auto überfahren worden«, referiert der Feuilletonist Wolfram Schütte, um fortzufahren: »In *Rom Blicke* gibt es eine Passage, welche auf gespenstische Weise den Tod dieses Autohassers vorwegnimmt.« Der Dichter ein Seher?

Ödön von Horváth wird auf den Pariser Champs-Élysées während eines Gewitters von einem herabstürzenden Ast erschlagen, auch er nicht ohne bedeutungsschweren letzten Zettel in der letzten Tasche – »Was falsch ist, wird verkommen, auch wenn es heut regiert. Was echt ist, das soll kommen, auch wenn es heut krepiert.« Prophetische Worte?

Geheimnisträchtig sind naturgemäß auch Selbstmorde – aber Achtung: Suizid ist nicht gleich Suizid! Daß Arthur Koestler einer unheilbaren Krankheit ein selbstgewähltes Ende durch Medikamente setzt, gibt keine Rätsel auf. Was aber bewog die Günderode, sich am Ufer des Rheins in den Dolch zu stürzen? Was Heinrich von Kleist, am Wannsee gemeinsam mit Henriette Vogel durch die Kugel aus dem Leben zu scheiden? Was Hemingway, das Gewehr gegen sich zu richten, um im gleichen Alter und auf die gleiche Weise wie sein Vater Schluß zu machen? Drei Fragen, die nicht unbeantwortet geblieben sind: *Kein Ort. Nirgends* von Christa Wolf geht der ersten nach, *Das Findebuch der Henriette Vogel* von Karin Reschke nimmt sich der zweiten an, *Tod eines Jägers* von Rolf Hochhuth bringt die dritte auf die Bühne: Alles Formen des Weiterlebens, die sich einzig einem suggestiven Tod verdanken.

Daß wir uns nicht falsch verstehen: Ich gebe keine Empfehlungen, wie Du als Künstler sterben solltest, ich liefere allerdings Hinweise, wie man besser *nicht* abtritt: Nicht beim Schlittschuhlaufen, nicht beim Gewitter auf den Champs Elysées, nicht im brennenden Bett – unauslöschlich haftet einem solchen Tod der Makel des Plagiats an, tödlich in einer Zeit, die vom Künstler hundertprozentige Originalität verlangt. Und denke ja nicht, all das seien müßige, ja krause Hirngespinste

Deines Patenonkels! Milan Kundera, Autor von Weltruf, kommt in seinem Roman *Die Unsterblichkeit* zu einem ganz ähnlichen Ergebnis: »Es gibt keinen Romancier, der mir teurer wäre als Robert Musil. Er starb eines Morgens, als er Hanteln stemmte. Wenn ich das tue, beobachte ich ängstlich meinen Puls und fürchte mich vor dem Tod, denn mit Hanteln in den Händen zu sterben wie der von mir verehrte Autor, wäre in seiner Epigonalität derart unglaublich krass und fanatisch, daß mir dies augenblicklich eine lächerliche Unsterblichkeit garantieren würde.«

Der Tod beim Hanteln scheidet also ebenfalls aus – wo aber bleibt das Positive? Es liegt bereits im Erinnern, ohne das kein Ruhm möglich wäre. Vorausgesetzt, der Künstler sorgt bei Lebzeiten für ein erinnernswertes Werk – nur als kurioser Todesfall überlebt niemand lange. Als Gedächtnisstütze freilich ist der nicht zu verachten. Es vergeht wohl kein Morgen, an welchem ich nicht an Peter Großkreuz denke, einen herzlich mittelmäßigen Karikaturisten der 5oer, 6oer Jahre. Am Ende dieses Jahrzehnts wurde er dadurch aus dem Leben gerissen, daß er in seinem italienischen Ferienort beim Duschen auf einer Seife ausrutschte. Wenn *mir* nun beim Duschen die Seife entglitte, zumal in Italien …

Diese Todesursache als Abschluß eines Werkes, das Italien, Körperkultur und Naßzellen thematisierte – *das* hätte was! Und manchmal ertappe ich mich bei der Überlegung, daß ja eines meiner Bücher bereits *Toscana-Therapie* heißt, ein anderes *Körper in Cafés,* daß ich also lediglich noch etwas zum Thema »Naßzelle« beisteuern müßte, um – aber genug dieser denn doch etwas makabren Gedankenspiele! In der Hoffnung, daß sie Dir dennoch von Nutzen sein konnten, grüßt Dich Dein gottlob noch immer quietschlebendiger Patenonkel Robert G.

PS: Du bist die Suche nach einem Künstlernamen leid? Du glaubst, Dich auch als Horst Streugöbel weltweit durchsetzen zu können? Und was wird dann aus »Igor Incasso«?

(Dreizehntens: Vom Nachleben)

Mein lieber Horst,

Du wirst Dich vermutlich wundern, noch einmal Post von Deinem Patenonkel zu erhalten. In meinem letzten Dir zugedachten Karriere-Brief habe ich den idealtypischen Künstler sterben lassen – was, magst Du fragen, bezwecken dann diese Zeilen? Aber jetzt, nach dem Tode, beginnt es doch erst, das Künstlerleben!

Zeit seines Erdenwallens ist der Künstler ein unsicherer Kantonist. Fortwährend wechselt er Stile, Themen und Lebensumstände; kaum glauben Wissenschaftler und Biographen verbindliche Feststellungen betr. Werk und Person treffen zu können, ist er schon wieder auf einem anderen Dampfer: Ein schwerblütiger Lyriker wie Günter Eich wird in der Altersprosa seiner *Maulwürfe* regelrecht albern, während ein Komödiant wie Woody Allen, reifer geworden, alles daransetzt, sich zum Ostküsten-Ingmar-Bergman zu mausern: Wenn du denkst, du hast'n, springt der Künstler aus dem Schubkast'n.

Aber dann! Der Künstler ist eingesargt und unter der Erde, und die Nachwelt kann daran gehen, sich, endlich von ihm ungestört, ein Bild vom Verblichenen zu machen.

Wenn sie es denn tut! Der Künstler war tätig – die Nachwelt ist träge. Der Künstler hinterläßt neben fertigen Werken kistenweise Manuskripte, Tagebücher,

Korrespondenzen und Dokumente – der Nachwelt schaudert beim Gedanken, das alles registrieren, archivieren, womöglich edieren zu müssen. Also versucht der Künstler, ihr diese Pille zu versüßen, indem er beizeiten für ein Langzeit-Zuckerl sorgt: das Künstlerhaus. Was es damit auf sich hat und was dabei zu bedenken ist, das, lieber Horst, entnimm bitte der folgenden Übersicht:

1. Es gibt ungeplante und geplante Künstlerhäuser. Zu den ungeplanten zählen naturgemäß Geburtshäuser – um so genialer mutet der Umstand an, daß Jahrhundertkünstler wie Goethe und Mozart nicht irgendwo, sondern in ansprechenden Altbauten großer Städte und zentral gelegener Straßen zur Welt gekommen sind, dem Frankfurter Goethehaus im Hirschgraben und dem Salzburger Mozarthaus in der Getreidegasse.

2. Beim geplanten Künstlerhaus ist dreierlei zu beachten: die ideale Landschaft, die ideale Lage und die ideenreiche Legende.

Die ideale Landschaft. Ein ausgedehntes Ferien- und Erholungsgebiet, das bisher künstlerisch noch nicht genutzt worden ist – die Lüneburger Heide beispielsweise scheidet lönshalber aus.

Die ideale Lage. Ruhige, malerische Kleinstadt oder Dorf. Das Haus sollte nach Möglichkeit einzeln oder am Ortsrand stehen, mit benachbarter Gastronomie und ausreichenden Parkmöglichkeiten.

Die ideenreiche Legende. Eine Anregung aus dem Hemingway-Haus auf der amerikanischen Insel Key West: Zum Anwesen gehört ein Swimmingpool, in dessen Rand eine Dollar-Münze einzementiert ist – angeblich Hems letztes Geld, da der von seiner Ehefrau veranlaßte Bau des allerersten Pools der Ortschaft sein sonstiges Vermögen verschlungen hatte. Zweifellos eine hübsche Anekdote; freilich wäre ein engerer Bezug zwischen dem Gegenstand der Legende und dem Werk des Künstlers zu wünschen: Vorbildlich ist da immer noch der dem störenden Teufel zugedachte Tintenfleck des Reformators Luther an der Wand seiner Bibelübersetzerklause auf der Wartburg, übrigens auch so einer Art Künstlerbehausung.

3. Der Künstler erwirbt und bezieht das Haus zu einem Zeitpunkt, an welchem er noch emotional aktiv und artistisch kreativ ist. Er drückt seiner äußeren Erscheinung und dem Gartenbereich seinen Stempel auf und schafft in seinem Inneren Meisterwerke, die u. a. Landhaus, Landschaft, Leute, Lebensumstände, Liebesbeziehungen, Leidenschaften und Laster besingen, beklagen bzw. verfluchen. Dabei achtet er stets darauf, der einzige Künstler des Ortes zu bleiben, auf daß sein Name sich unlöslich mit dem des Gemeinwesens verbinde – so, wie man bei Meersburg allein an Annette Droste-Hülshoff denkt, bei Husum ausschließlich an Theodor Storm und bei Bargfeld reflexhaft an Arno Schmidt.

Beachtet ein Künstler diese drei Essentials, so hat er gute Chancen, wenigstens in einem kleinen Flecken dieser großen Welt in dreifacher Form fortzuleben: als Haus, als Nachlaß und als Gesellschaft. »Von Alhausen über Pömbsen nach Erwitzen ist es nur ein Katzensprung«, lese ich in Herwart Rosemanns Bericht. »Eine literarisch motivierte Bummelfahrt durch das Brakeler Bergland« und: »Erwitzen verdankt viele seiner Besucher dem Peter-Hille-Haus.« Der erblickte 1854 im dortigen Schulhaus – eine gute Wahl – das Licht der Welt, wurde in Berlin zum legendären Bohemien und umwitterten Poeten und starb daselbst fünfzigjährig. Die Folge: Heute dient »das kleine, feine dem angemeldeten Besucher geöffnete (Schul-)Haus der rührigen Peter-Hille-Gesellschaft als literarische Gedenk- und Begegnungsstätte.«

»Ich bin, also ist Schönheit«, hatte Peter Hille einst verkündet. »Sie waren, also sind Gesellschaften«, sagt, wer in der jüngsten Ausgabe des Handbuchs *Literarische Gesellschaften in Deutschland* blättert, einem fast vierhundert Seiten starken Kompendium, das beinahe 200 solcher Zirkel vorstellt, von der etwa 10 Tausend Mitglieder starken Goethe-Gesellschaft, bis hinunter zur 34 Mitglieder zählenden Theodor-Däubler-Gesellschaft. Um all diese Gesellschaften wiederum sorgt sich die 1986 gegründete »Arbeitsgemeinschaft Literarischer Gesellschaften«, und in all diesen Gesellschaften wird *das* angestrebt, was die Dauthendey-Gesellschaft zu Würzburg, 140 Mitglieder, stolz von sich behaupten darf: »Wenn nun heute Max Dauthendey als bedeutender deutscher Autor der Jahrhundertwende weltweit geschätzt wird, dann ist das auch mit ein Verdienst der

Dauthendey-Gesellschaft, die sich international um das Nachleben des Dichters bemüht hat.« Außerdem verleiht diese Gesellschaft noch die Dauthendey-Plakette in Gold und Silber, eine Auszeichnung, die vorzugsweise an fränkische Poeten vergeben wird, Leute, die sich auch organisatorisch um die Gesellschaft verdient gemacht haben, z.B. als Erster Vorsitzender: »Adalbert Jakob, der ›Dichter an der Hobelbank‹, hat bis zu seinem Tod 1970 mit Hingabe seiner Aufgabe gedient« – »Heda Meister, kann er mir rasch ein Sonett auf die Hochzeit meiner Frau drechseln?«

Freilich, freilich – der Dauthendey-Gesellschaft fehlt das Dauthendey-Haus, ein Manko, das sie mit anderen Gesellschaften teilt, die in vergleichbar großen Städten angesiedelt sind: Weder die Erich-Maria-Remarque-Gesellschaft in Osnabrück noch die Else-Lasker-Schüler-Gesellschaft in Wuppertal, noch die Friedrich-Rückert-Gesellschaft in Schweinfurth können mit einem solchen Haus locken – da haben sich die fraglichen Dichter bei der Wahl des Geburtsorts ganz einfach vertan.

Goldrichtig dagegen lagen all jene, die gleich in kleineren Gemeinwesen zur Welt kamen, dort, wo rührige Gesellschaften häufig das Geburtshaus erwerben und zur Gedächtnisstätte ausbauen konnten: So geschehen in Marbach mit seinem Schiller-Haus, in Wedel mit seinem Barlach-Haus, in Detmold mit seinem Zucht-Haus – Zuchthaus, jawohl, richtig gelesen, lieber Horst. In einem Zuchthaus nämlich wuchs der Dramatiker Christian Dietrich Grabbe auf, dessen Vater, ein Zuchtmeister, an seinem Arbeitsplatz wohnte.

Auch Friedrich Hebbel tat gut daran, im abgelegenen Dithmarscher Wesselburen das Licht der Welt zu erblicken; auf diesem platten Land kommt so schnell nichts weg: »Im heutigen Museum sind sowohl Hebbels Schreiberstube als auch sein Schlafplatz unter der Treppe im Originalzustand zu besichtigen.« Noch origineller als Hebbels Anfänge freilich hören sich die Anfänge der Hebbel-Gesellschaft an: »In Wesselburen hatte sich nach der Jahrhundertwende aus dem Guttemplerorden, einem Verein zur Bekämpfung der Trunksucht, der ›Enthaltsamkeitsverein Dramatik‹ gebildet, der vor allem mit Werken Friedrich Hebbels Abende veranstaltete. Der Erfolg dieser Aktivitäten gab den Anstoß, dem Dichter in seiner Geburtsstadt eine Gedenkstätte zu errichten.«

Ein literarisch-volkspädagogisches Zweckbündnis, das in Schweich unweit von Trier seine ausgewogenste Ausprägung gefunden hat. In diesem Dorf verlebte der Dichter Stefan Andres Kindheit und Jugend, im dortigen »Niederprümer Hof« befinden sich heute Stefan-Andres-Archiv und die Geschäftsstelle der Stefan-Andres-Gesellschaft – aber nicht nur die. Da gibt es »neben zwei Gedenkräumen für den aus Schweich stammenden Antialkoholkreuzzügler Pater Johannes Maria Haw (1871–1949)« auch die Möglichkeit, so richtig nett zu entspannen: »Der historische Weinkeller des Hofes lädt zu kleinen und größeren Aktivitäten ein, so ganz im Sinne des als weinfroh bekannten Dichters.«

Ob auch das ehemalige Wohnhaus Hans Falladas im Feldberger Ortsteil Larwitz einen Ausschank erhalten wird? So weinfroh wie Stefan Andres war der schon lange, geradezu schnapslustig; Person und Haus aber erfüllen in idealtypischer Weise die oben skizzierten Essentials: »Hier lebte Fallada mit seiner Familie von 1933 bis 1945 und schrieb die meisten seiner Bücher *(Wolf unter Wölfen, Der eiserne Gustav, Geschichten aus der Murkelei)*. Er vergrub sich ganz am Ende des Dörfchens. Die Euphorie, mit der er nach Carwitz kam, wich jedoch immer mehr einer langandauernden Depression. Dieses Anwesen direkt am Carwitzer Seeufer, einst Falladas verwunschene Herrlichkeit in Mecklenburg, gehört nach wechselvoller Geschichte heute der Stadt Feldberg, die daraus einen attraktiven Ort des lebendigen Gedenkens an den Schriftsteller gestalten möchte. Die von der Gesellschaft entwickelte Konzeption sieht eine Mehrfachnutzung der einstigen Büdnerei vor, Ausstellungsräume im Wohnhaus mit kleiner Kaffeeküche« – soll da wirklich nur Kaffee ausgeschenkt werden? – »in der früheren Scheune ein größerer Raum für Lesungen, Vorträge, Tagungen und alles Gesellige« – und das alles auf Kaffeebasis? Wirklich? »Angestrebtes Ziel ist es, mit dem Fallada-Haus unter Einbeziehung der Familiengrabstätte (am schönen Luzinufer) und dem Archiv als wissenschaftlich-literarischem Zentrum ein Ensemble der Erbepflege zu schaffen, das komplexen Bedürfnissen der Besucher entgegenkommt« – Dir, lieber Horst, dürfte klargeworden sein, was der heutige Künstler aus diesem noch einigermaßen naturwüchsigen Nachleben verstorbener Kollegen lernen sollte: Der Trend geht eindeutig zum Künstler-Haus mit angegliederter, schön gelegener Grabstätte. Allerdings sollte die Wahl des Ortes angesichts der bereits stark besetzten Topographie unseres Vaterlandes nicht dem Zufall überlassen bleiben: Da abgelegene Feriengebiete dem Touristen etwas bieten müssen und Künstlerhäuser zu den kulturell wertvollen Attraktionen zählen, kannst Du Dich als Künstler guten Gewissens bereits zu Lebzeiten mit interessierten Gemeinden und deren Fremdenverkehrsämtern über Standort und Finanzierung Deines Künstlerhauses unterhalten. Spaßeshalber habe ich einmal bei einer Kulturpolitikerin aus Schleswig-Holstein auf den Busch geklopft: Ihr Bundesland sei schon ziemlich ausgebucht, sagte sie, Heißenbüttel säße in Borsfleth, Rühmkorf in Roseburg, Sarah Kirsch in Tielenhemme, Siegfried Lenz in Tetenhusen, Kunert in Kaisborstel und Grass in Wewelsfleth – aber Idstedt beispielsweise sei noch künstlerlos, ob ich vielleicht – an dieser Stelle wurden wir leider unterbrochen, doch seither ruht mein Blick hin und wieder nachdenklich auf der Landkarte des deutschen Nordens …

Horst, der Kreis meiner Ratschläge rundet sich. Daß sie Dir zu einem guten Start in Dein Künstlerleben verhelfen mögen, wünscht Dir und sich Dein Starthelfer und Patenonkel Robert G.

PS: Ist »Igor Incasso« für Dich als Künstlername restlos gestorben? Wirklich? Könnte ich ihn dann haben? Stellt nicht einerseits »Robert Gernhardt« für den Rest der Welt einen ebensolchen Zungenbrecher dar, wie »Horst Streugöbel«? Und klingt nicht andererseits das »Igor-Incasso-Institut« in Idstedt irgendwie irre international?

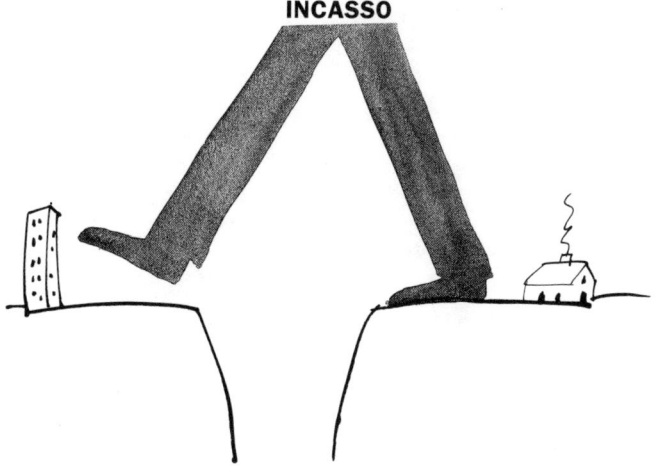

DIE WARNUNG

Ach mein Horst,

schon glaubte ich, daß wir es hinter uns hätten – was wohl sollte auf das Nachleben folgen? – da zwingt mich Dein Dankesbrief dazu, noch einmal zur Feder zu greifen, nicht helfend diesmal, sondern warnend.

Meine Briefe hätten Dich *echt total* in Deinem Vorhaben bestärkt, Künstler werden zu wollen, schreibst Du, doch da sei noch ein weiterer, von mir nicht genannter Grund, der Dich veranlasse, diesen Weg zu gehen, die Aussicht nämlich, mit, wie Du sagst, »interessanten und originellen Typen« zusammenzutreffen, die Chance, Zutritt zu »Künstlerkreisen« zu finden, zu einer »kreativen Scene« Gleichgesinnter, die – und das ist offenbar Deine Erwartung – dem einsam Schaffenden von heute das sind, was »La Bohème«, »Gruppe 47« oder »Prenzlberg« dem Künstler früherer Zeiten waren: Die Bestätigung dafür, nicht ganz alleine für das schöpferische Neue und gegen das abgestorbene Alte zu kämpfen und zugleich die Ahnung einer Gegenwelt zur herrschenden, einer, die sich den Gesetzen des Marktes so weit entzieht, daß ein Reich des Geistes und der Phantasie ahnbar wird, in welchem Freiheit nicht nur im Kunstwerk vorgestellt, sondern auch vom Künstler vorgelebt wird: die Freiheit von Norm, Besitzstreben, Saturiertheit und anderen bürgerlichen Zwängen und Zwangsvorstellungen.

Horst, ich leugne nicht, daß unter den Künstlern auch interessante Menschen anzutreffen sind; die gibt es schließlich in so gut wie jeder Berufsgruppe. Ich behaupte nicht, die anregenden Schilderungen von den Abenteuern des munteren Künstlervölkchens und den Streichen der Bohémiens seien lediglich Literatenphantasien. Dennoch muß ich Dir den Zahn ziehen, Du könntest unter Mitkünstlern wirkliche Kollegen finden, mitfühlende Seelen gar. Daß diese Zahnbehandlung lang zu werden droht, läßt sich bereits daraus schließen, daß ich nicht weniger als fünf Wurzeln freizulegen und fünf ernste Mahnungen auszusprechen habe. Lies sie in aller Ruhe durch, erwäge sie, vor allem aber: beherzige sie, auf daß es Dir wohlergehe und Du lange überleben mögest unter den Raubtieren im Kunstzirkus:

»Dichter, wie Möwen anzusehen im Flug und wie Möwen abscheulich untereinander.« *Elias Canetti*

»Literatur besteht nur aus Todfeindschaften.«
Peter Weiss

»Vielleicht ist der Großteil der heutigen deutschen Schriftsteller schon selber am Verwesen.«
Rolf-Dieter Brinkmann

»Die empirisch-sittliche Welt besteht größtenteils nur aus bösem Willen und Neid.« *Johann Wolfgang Goethe*

1. Meide gleichaltrige Literaten

Gern schließen sich Künstler zu Beginn ihrer Laufbahn zu größeren Verbänden zusammen, sei es unter dem Dach eines Ismus – Impressionismus, Fauvismus, Surrealismus –, sei es hinter einer auftrumpfenden Abgrenzung von der bisher herrschenden, mithin veralteten Kunst – Junges Deutschland, Sezession, Neue Wilde –, gern sammeln sie sich in Kreisen, Gruppen oder Schulen – George-Kreis, Gruppe Zero, Neue Schweinfurther Schule –, gern gründen sie Lebens- und Arbeitsgemeinschaften – Die Worpsweder, Der Blaue Reiter, Die Brücke – meist halten all diese Zusammenschlüsse nur so lange, wie alle gleich sind: gleich jung, gleich arm, gleich unbekannt, gleich erfolglos. Ein Zustand, der naturgemäß nicht von Dauer ist. Irgendwann verläßt zumindest eines der Gruppenmitglieder die verbindlichen Pfade von tugendhaftem Lebensstil bzw. allgemeinverbindlicher Weltauffassung und Kunstausübung, und schon schlägt schwärmerische Freundschaft in Exorzismus um: »Na! Heulen könnte man, daß dieser Schamlose seine holde Muse vor aller Welt, nur um des Mammons willen, notzüchtigt«, schnaubt Melchior Lechter, Mitglied des George-Kreises, 1905 in einem Brief an Meister Stefan; der Vergewaltiger aber ist niemand anderer als Hugo von Hofmannsthal, der die Schamlosigkeit besessen hatte, sein Drama *Das gerettete Venedig* nicht nur zu schreiben, sondern auch aufführen zu lassen – und so was sah man in George-Kreisen nun mal nicht so gern.

»Entweder Mönch oder Verbrecher« – vor diese Wahl glaubte auch Gottfried Benn den Künstler gestellt, jenen Reinen, der bereits dann die wahre Kunst zur Ware Kultur herabwürdigte, wenn er nicht Gedichte schrieb, wie zufällig Benn, sondern dickleibige Romane, wie Kulturträger vom Schlage eines Thomas Mann: »Aber im Grunde möchten sie dichten – alles möchte dichten.« Kann es bloß nicht.

Ein Purismus, der noch von den Reinheitsregeln der Surrealisten übertroffen wurde, jener von André Breton angeführten Künstlervereinigung, die im Namen der unbedingten Freiheit und unter dem Banner der permanenten Revolution in einer Nußschale all das praktizierte, was je eine Kirche vorgelebt hatte und was totalitäre Parteien etwa zeitgleich veranstalteten: Verhöre, Ausschlüsse, Verdammungen, Autodafés, Auslöschungen und Totsagungen.

Aus einer *Erklärung des Büros für surrealistische Forschungen:* »1. Wir haben nichts mit Literatur zu tun. 3. Wir sind fest entschlossen, eine Revolution zu machen ... 6. Wir richten folgende feierliche Warnung an die Gesellschaft: Sie möge auf ihre Seitensprünge achten, uns wird keiner der Fehltritte ihres Geistes entgehen.« Gegeben am 27.1.1925, firmiert von 26 Surrealisten. Doch nicht die Gesellschaft, der eigene Literatenzirkel wurde überwacht und gesäubert: Nicht ganz drei Jahre später war bereits mehr als ein Drittel der Unterzeichner wg. diverser Seitensprünge und Fehltritte aus der Bewegung ausgeschlossen worden. Neben Artaud, Desnos, Masson und Queneau traf der Bannstrahl auch Philippe Soupault, »Mitbegründer und (mit Breton) Autor des ersten (automatischen) surrealistischen Textes ›Les champs magnétiques‹«. In seinem Lesebuch *Surrealismus in Paris* führt Karlheinz Barck zwei Gründe für diesen Rausschmiß an: »Weil er sich auf dem Literaturmarkt in ›stupide literarische Abenteuer‹ begeben habe« – argumentiert Breton. »Weil ich Romane schrieb und englische Zigaretten rauchte« – erinnert sich Soupault.

Als Papst, Generalsekretär und Hüter der Reinen Lehre in Personalunion war Breton natürlich nicht nur Verdächtiger und Verfolger, sondern auch Verdächtigter und Verfolgter. 1930, im Pamphlet *Un cadavre,* weisen ihm zehn der von ihm Ausgeschlossenen alle nur denkbaren Flecken auf der angeblich so sauberen Soutane nach: Er sei ein »Ordensbruder«, ein Opportunist, der am Abend eine Vorstellung des Russischen Ballets mit »Hoch die Sowjets«-Rufen stören lasse und tags darauf in der »Galerie surréaliste« den Ballettchef Diaghilew als Kunden hofiere, kurz: ein Geschäftemacher, der den »Surrealistenladen« als seine »heilige Firma« betrachte.

Noch im gleichen Jahr erscheint das *Zweite Surrealistische Manifest;* darin zahlt Breton es den Abtrünnigen in gleicher Münze heim: Alles geldgeile Karrieristen! Der saubere Artaud habe Strindbergs *Traumspiel* erst inszeniert, »nachdem er erfahren hatte, daß die Schwedische Gesandtschaft es bezahlen würde«. Der vorgeblich revolutionäre Naville mime den Chefredakteur linker Blätter aus purer Ruhmsucht – als Sohn reicher

Eltern könne er sich eine solche Marotte leisten. Der von Bretons Verhörmethoden angewiderte Ribemont-Desseignes veröffentliche »eine widerwärtige Serie kleiner Kriminalromane in den übelsten Kinoblättern« – und da Breton schon mal beim Verdammen ist, bekommen auch Verstorbene ihr Fett weg, ehemalige Säulenheilige wie E. A. Poe, Baudelaire und Rimbaud: »Lautréamont ausgenommen, sehe ich keinen, dessen Spuren nicht irgendwelche Zweideutigkeit verrieten.« Vielleicht, weil die Götter diesen Liebling bereits im zarten Alter von vierundzwanzig Jahren zu sich genommen hatten?

Aber da ist ja noch der lebende Breton. Wie steht es denn um dessen vorgebliche Zweideutigkeiten – um seine Kunstgeschäfte etwa? Die seien eindeutig sauber gewesen, verteidigt sich der Angeklagte: »Daß ich ein paar Bilder kaufte und nicht sklavisch daran hing – was für ein Verbrechen.«

Wer daraus lediglich eine windelweiche, ja kindische Definition des Kunsthandels herausliest, tut Breton unrecht. Darin äußert sich vielmehr die kindliche Vorstellung, alles Geld der Welt sei bäbä, nur das eigene nicht. Eine selige Ichbezogenheit, die Max Morise, einst Lieblingsjünger, nun einer der Pamphletisten, angesichts der umstürzlerischen Reden des ehemaligen Idols und jetzigen »Leichnams« auf folgenden Punkt bringt: »Wenn André Breton zufällig gerade für Hammelhaxen in Sauce Béarnaise schwärmt, dann können Sie darauf gefaßt sein, daß das bald ein durch und durch revolutionäres Gericht genannt wird.«

Auf jeden Fall war dieser Saubermann kein konsequenter Säuberer: Er verstieß, wie es ihm paßte. Buñuel, Mitglied der Gruppe seit 1929, erinnert sich: »Wir sind Freunde geblieben bis zum Schluß. Trotz der Preise, die mir auf verschiedensten Festivals verliehen wurden, hat er mir nie mit Ausschluß gedroht. Um 1955 habe ich Breton einmal in Paris getroffen und ihn gefragt, warum Max Ernst ein Jahr zuvor ausgeschlossen worden sei.« Weil er den Großen Preis der Biennale von Venedig angenommen habe, lautete die Antwort: »Wir haben uns von Dalí getrennt, als er ein übler Händler geworden ist, und jetzt macht Max dasselbe.«

Aber hatten nicht auch die Surrealisten Hans Arp und Miró im gleichen Jahr den gleichen Preis erhalten und angenommen, ohne von Breton ausgeschlossen zu werden? Hatten sie, doch wenn drei dasselbe machen, ist es offenbar noch lange nicht das gleiche. Meide also Künstlergruppen, lieber Horst, und bedenke bitte, daß Gruppe bereits da anfängt, wo Du Dich mit einem einzigen anderen Künstler zusammentust. Hier ein ebenso gerafftes wie nachdenklich stimmendes Beispiel aus dem Band 10 des *Brockhaus, Herr – Is:* »Vor allem durch die zus. mit J. SCHLAF verfaßten und unter dem gemeinsamen Pseudonym Bjarne P. Holmsen veröffentlichten literar. Beispiele (darunter u. a. die Prosaskizze ›Papa Hamlet‹, 1889, und das Drama ›Die Familie Selicke‹, 1890) wurde A. Holz zu einem wichtigen Wegbereiter des dt. Naturalismus«, schreibt das Lexikon, das der auf den ersten Blick erfreulichen Mitteilung »Freundschaft mit J. SCHLAF« sogleich die ernüch-

ternde Feststellung folgen läßt: »Nach dessen Abwen-
dung von der gemeinsamen literar. Richtung kam es
jedoch zum Bruch« – wobei die beiden Künstler, ebenso wie leibliche Eltern, wegen der gemeinsam in die
Welt gesetzten Werke naturgemäß aneinander gekettet
blieben. Nicht, weil da Kinder zu alimentieren gewesen
wären, sondern weil die Bankerte ihrerseits Ernährer
waren; durch Tantiemen, durch Nachdruckhonorare
und durch Nebenrechte: ein besonders hartnäckig und
ungut bindender Klebstoff einer ansonsten längst zer-
brochenen Partnerschaft.

Doch auch wenn Du, lieber Horst, als junger Künstler weder Gruppierungen beitrittst noch Arbeitsgemeinschaften eingehst, droht Dir Gefahr von Gleichaltrigen – und das möglicherweise ein Leben lang.
Gleichaltrige bleiben zwar nicht immer gleich jung,
aber immer gleichalt, und in dem Maße, wie früh ge-
schlossene Bekanntschaft, sei es durch die Zugehörig-
keit zum gleichen Verlag oder durch wiederholte Treffen an kulturellen Schnittpunkten (Klagenfurt, Graz,
Berlin-Wannsee, Literaturhäuser, Prosa-Tage, Lyrik-
Nächte) die Vorstellung von einer Generationsgemein-
schaft nährt, müssen alle Betroffenen damit rechnen,
daß das Verschicken des jeweils neuen Buches an Kollegen keine Einbahnstraße bleibt. Zurück kommen Post-
sendungen, die immer dann als besonders kränkend
empfunden werden, wenn man selber mal ein, zwei
Buchmessen lang wg. Selbstfindung bzw. schöpferi-
scher Pause aussetzt und die bittere Erfahrung machen
muß, daß all die weniger sensiblen Generationsgenos-

sen büffelhaft weiterproduzieren und weiterdedizieren: »Meinem lieben Norbert Gamsbart mit einem besonderen Hinweis auf Seite 23 ...«

Wehe Dir, Horst, wenn Du dort nachschlägst, dreimal Wehe, wenn Du da weiterliest! Derweil nämlich schreiben sie weiter, all Deine weiblichen und männlichen Generations- und Dedikationsgenossen, und hastdunichtgesehen sind die samt einem unanständig stetig wachsenden Werkverzeichnis auf immer und für Dich uneinholbar in den Höhen der Literaturgeschichte verschwunden, indes Du noch über Deiner möglichst platten Antwort für das Dir zuguterletzt zugesandte und zugedachte Werk nachsinnst: »Lieber Peter, ich habe echt nicht schlecht gestaunt, als ich Deinen neuen Roman *Dein Haar in der Sielmannsschlucht* in Händen hielt. 2000 Seiten! Ich wußte gar nicht, daß es so kleine Bücher und so große Buchstaben gibt, aber – «

Aber Spaß beiseite! Warum die Werke Gleichaltriger lesen? Gelungenes weckt Neid, Mißlungenes fördert den Hochmut, in jedem Fall aber geht kostbare Lebens- und das meint für den Künstler: Schaffenszeit verloren. Nicht irgendeine! So fruchtbar wie zwischen 20 und 40 wirst Du nie wieder sein – Horst, meide Gleichaltrige!

Und laß Dich nicht von fremdsprachigen Herren dazu verlocken, ihnen etwas Zeit zu schenken, nur ein ganz klein bißchen, nicht der Rede wert ...

Von wem die Rede ist? Von Männern mit so klangvollen wie verführerischen Namen: Gabriel García Márquez! Guillermo Cabrera Infante!! Mario Vargas Llosa!!! Julio Cortazar!!!! Carlos Fuentes!!!!!

Namen, so lind wie fächelnder Wind in Yakaranda-
bäumen, so heiß wie reißende Seide in samtenen Tro-
pennächten, so hart wie Jaguarbiß in Konquistadoren-
kehlen: Gewähr für »Ein Buch, wie es in Europa seit
Jahrzehnten nicht geschrieben worden ist und wahrscheinlich gar nicht geschrieben werden könnte: Literatur als magische Beschwörung und als revolutionäre
Auflehnung. Dieser Roman ist ein Elementarereig-
nis« –: Was die Wiener Zeitung ›Die Zukunft‹ 1979
über die aus dem kolumbianischen Spanisch übersetzten *Hundert Jahre Einsamkeit* des Gabriel García
Marquez schrieb, könnte auch auf dem Klappentext
von Cabrera Infantes aus dem kubanischen Spanisch
übersetzten Roman *Drei traurige Tiger* stehen, oder auf
dem Rückumschlag von Julio Cortazars aus dem argen-
tinischen Spanisch übersetzten Roman *Rayuela Himmel
und Hölle,* oder im Werbetext für Vargas Llosas aus dem
peruanischen Spanisch übersetzten Roman *Der Krieg am
Ende der Welt* oder –

Ich höre einen Einwand? Ich ahne ihn zumindest:
Was denn angesichts der landesüblichen Limonaden –
»Seminarprosa light« – gegen die Angebote exotischer
Literaten einzuwenden sei? Was gegen starke Tränke
wie Piña Colada oder noch weit wirksamere exotische
Nervengifte?

Horst – schon immer hat es zur Strategie der Dro-
gendealer gehört, ihren Stoff zu bagatellisieren: Ist
doch nur ein Buch! Reinschauen kostet nichts …

O doch, sie kosten Dich was, diese vorgeblich so
harmlosen Druckerzeugnisse! In jedem Fall Leser, im

schlimmsten Fall unwiederbringlich verlorene Zeit – sofern Du selber zu lesen beginnst. Doch statt großer Worte lasse ich eine kleine Statistik für sich sprechen:

Hundert Jahre Einsamkeit – 447 Seiten

Drei traurige Tiger – 540 Seiten

Rayuela Himmel und Hölle – 636 Seiten

Der Krieg am Ende der Welt – 725 Seiten –:

So abgebrüht wie nur irgendeine Gang kolumbianischer Drogenkuriere arbeiten all diese Südamerikaner an dem Ziel, den hiesigen Leser mit immer größeren Textmengen derart vollzupumpen, daß der hiesige Schriftsteller angesichts dieser zugeknallten Klientel schon bei dem Gedanken resigniert, eigene Stoffe zu erarbeiten. Wie generalstabsmäßig diese *Novela-Connection* ihren Plan verwirklicht, den europäischen Literaturmarkt durch Ausschaltung der europäischen Literaten zu monopolisieren, belegt ein Blick in den Katalog unserer größten Buchauslieferer Koch, Neff und Oettinger. Dort erfahren wir, daß in der BRD zur Zeit von dem 1928 geborenen Schriftsteller Carlos Fuentes 15 Titel lieferbar sind, alle aus »dem mexikanischen Spanisch« übersetzt und alle Bausteine eines raffinierten Suchterzeugungsprogramms. Vom scheinbar harmlosen Einstiegsroman *Der alte Gringo,* 223 Seiten, nämlich geht es dosismäßig erst schrittweise, dann sprunghaft weiter: *Ich und die anderen,* 288 Seiten; *La Campaña,* 291 Seiten; *Das Haupt der Hydra,* 319 Seiten; *Der vergrabene Spiegel,* 399 Seiten; *Constancia,* 416 Seiten, *Die Ungeborenen,* 622 Seiten – und nun, nachdem der durchtriebene Señor Fuentes das Lesequantum Buch für Buch planmäßig erhöht hat, nun, da er Dich endgültig an der Angel weiß, nun setzt er Dir die volle Dröhnung: *Terra nostra,* 1138 Seiten, in Worten: eintausendeinhundertundachtunddreißig.

Horst! Finger weg von diesem südamerikanischen Teufelszeug! Und laß Dir deswegen von den hiesigen Handlangern dieser Dealer, dem gekauften deutschen Feuilleton, kein schlechtes Gewissen einreden! Hör nicht auf den Söldling Reich-Ranicki, der in so gut wie keiner Sendung seines Drogenumschlagplatzes *Literarisches Quartett* die Gelegenheit ausläßt, seine nur zu durchsichtige Propagandathese zu vertreten, seit 1945 habe es in Europa kein Schriftsteller mehr geschafft, einen funktionierenden Roman vorzulegen, der stärker als 450 Seiten gewesen sei, ganz im Gegensatz zu – dreimal darfst Du raten, zu wem. Und denk stets daran, daß diese angeblich so hochliterarischen *Novela-Barone* all ihr Lebtag nie vor der Versuchung stehen werden, einmal auch ein wenig von einem Deiner Romanstoffe zu kosten. Einfach deshalb, weil dieser Stoff stets nur in eine Richtung fließt und niemand in Südamerika auch nur das geringste Interesse daran hat, Dich und Deine Werke in ein wie immer geartetes Spanisch zu übersetzen, weder ins bolivianische, noch ins paraguayanische, noch ins venezuelanische, noch ins kolumbianische, noch ins costaricanische, noch ins brasilianische Portugiesisch. Und selbst wenn das geschähe – wer läse Dich denn in Ländern, deren Bevölkerung ganze Tage gelähmt vor dem Fernseher verbringt, um sich im Stundentakt eine *Telenovela* nach der anderen reinzuziehen?

Horst – Hand drauf: Keine Macht den Drogen! Keine Mark dem *Novela-Kartell*! Auf daß Dir, lieber Junge, die Zeit bleibe, ihn zu schreiben: Den großen deutschen Zeitroman von buddenbrookschen 834 Seiten!

2. Meide ältere Literaten

Im Trauermonat November des bewegten Jahres 1968 wurde in der Nummer 15 der Zeitschrift ›Kursbuch‹ darüber befunden, wie tot die Literatur mittlerweile sei: halbtot, ganz tot, ein lebender Leichnam?

Walter Boehlich, bis zu diesem Jahr noch Cheflektor des Suhrkamp Verlags, wittert deutlichen Aasgeruch: »Die Kritik ist tot. Welche? Die bürgerliche, die herrschende. Sie ist gestorben an sich selbst, gestorben mit der bürgerlichen Welt, zu der sie gehört, gestorben mit der bürgerlichen Literatur, die sie schulterklopfend begleitet hat.«

Das alles hört Hans Magnus Enzensberger, Verfasser von drei erfolgreichen Gedichtbänden und Herausgeber des ›Kursbuch‹, mit gelassener Skepsis. Die Eingangssätze seiner im gleichen Heft veröffentlichten *Gemeinplätze, die Neueste Literatur betreffend* klingen wie eine achselzuckende Kritik des Boehlichschen Autodafés: »Jetzt also hören wir es wieder läuten, das Sterbeglöcklein für die Literatur. Der Leichenzug hinterläßt eine Staubwolke von Theorien, an denen wenig Neues ist ... Die Literaten feiern das Ende der Literatur ... Die Kritiker besingen den definitiven Hinschied der

Kritik ... Die ganze Veranstaltung schmückt sich mit dem Namen Kulturrevolution, aber sie sieht einem Jahrmarkt verzweifelt ähnlich.«

Doch der da die Trauernden belächelt, tut dies lediglich ihrer Trauer wegen, nicht, weil deren Trauer gegenstandslos wäre. Als Enzensberger nach neun Seiten Bilanz zieht, bestätigt er die Verluste: »Für literarische Kunstwerke läßt sich eine wesentliche gesellschaftliche Funktion in unserer Lage nicht angeben.«

Hin ist hin – kein Grund, deshalb groß zu jammern. Das Schreiben geht weiter, es muß ja nicht gerade Literatur dabei herauskommen: »So schwer sollte es doch in einer Gesellschaft, in der das politische Analphabetentum Triumphe feiert, nicht sein, für Leute, die lesen und schreiben können, begrenzte, aber nutzbringende Beschäftigungen zu finden.« Vorbilder gibt es bereits: »Beispielsweise Günter Wallraffs Reportagen aus deutschen Fabriken, Bahman Nirumands Persien-Buch, Ulrike Meinhoffs Kolumnen, Georg Alsheimers Bericht aus Vietnam. Den Nutzen solcher Arbeiten halte ich für unbestreitbar.« Allerdings sieht Enzensberger immer noch den alten Pferdefuß bürgerlicher Kunstpraxis unter dem Monteurkittel – oder ist es ein Büßergewand? – hervorlugen: »Die Verfasser halten an den traditionellen Mitteln fest: am Buch, an der individuellen Urheberschaft, an den Distributionsgesetzen des Marktes, an der Scheidung von theoretischer und praktischer Arbeit. Ein Gegenbeispiel gibt die Arbeit Fritz Teufels ab« – einer Berühmtheit dieser Jahre, dessen Arbeit in Aktionen und vielbejubelten und vielzitierten

Sätzen bestand wie »Wenn es der Wahrheitsfindung dient«, Teufels Erwiderung auf die Mahnung eines Richters, beim Einzug des Gerichts gefälligst aufzustehen.

»Andere, weniger an die Person gebundene Möglichkeiten müssen erdacht und erprobt werden«, schließt Enzensberger, und all das sind Richtungsangaben – sie stehen nicht zufällig in einem ›Kursbuch‹ –, deren Ernsthaftigkeit und Notwendigkeit durch ihren Verfasser verbürgt werden. Der deklariert die Früchte von herkömmlicher Literatur und tradiertem Literaturbetrieb ja nicht deshalb zu sauren Trauben, weil er sie nicht erreicht hätte; der konstatiert, daß 1968 nicht mehr subjektiv gerechtfertigt werden könne, was objektiv keine gesellschaftliche, und das meint die Gesellschaft verändernde, also revolutionäre Funktion hat. Entweder man blieb Teil des Problems oder man wurde Teil der Lösung, und die konnte unmöglich darin bestehen, weiterhin dem bürgerlichen Kulturbetrieb zuzuarbeiten. Daher verkündete der Künstler Joseph Beuys, jeder sei ein Künstler und öffnete als Professor der Düsseldorfer Akademie seine Klasse jedem, der anklopfte; daher stellte der Prinzipal Jean Louis Barrault während der Mai-Unruhen sein Pariser Theater den demonstrierenden Pariser Studenten als Versammlungsort zur Verfügung; daher versuchten die Lektoren des Suhrkamp Verlages, unter ihnen Walter Boehlich, der linken Theorie, welche der Verlag mit Gewinn veröffentlichte, auch etwas linke Praxis innerhalb des Verlags folgen zu lassen: eine Lektoratsversammlung wurde gefordert, ein Betriebsrat, Mitbestimmung gar.

»Nur gerade Schreiben – Fiktion, das wollte ich ja – war nach 1968 nicht einfach.« Das schreibt jemand, der ausgerechnet in diesen bewegten Jahren einen kühnen Spagat versuchte: Urs Widmer, Jahrgang 1938, war in seinem dreißigsten Lebensjahr gleichzeitig rebellierender Lektor und frischgebackener Autor. 1968 hatte er nicht nur im Suhrkamp Verlag gegen Verlegerwillkür gestritten, sondern auch im Diogenes Verlag seine erste Erzählung, *Alois,* veröffentlicht, 1979 erinnert er sich: »Zwar wäre mir das Schreiben vielleicht ohne die offene Stimmung von 1968 nie gelungen, andererseits aber verfolgten jetzt viele meiner Freunde oder Bekannten jede metaphorische, begrifflich nicht eindeutige Beschreibung von Welt (gar von Innenwelt) mit der Heftigkeit von Päpsten, die eine Herde von Gottseibeiunsen aufgestöbert haben.«

Wenn schon der im Verlagsgeschäft abgehärtete Urs Widmer sich angesichts seiner Freunde von militanten Päpsten umgeben sah, wie furchterregend päpstlich müssen da all die ex cathedra exkommunizierenden Fremden dem Anfänger vorgekommen sein mit ihrem: Du sollst nicht dichten!

Der dreißigjährige Widmer hatte bereits eine einigermaßen gefestigte Vorstellung von dem entwickeln können, was Literatur war: »Literatur ist erst da glaubhaft, wo die Begriffe nicht ausreichen. Sie ist nicht dazu da, klare Sachverhalte mit schönen Worten nochmals zu sagen.«

Was aber konnte der unverbildete Zwanzigjährige, der gerade erst mit dem Schreiben begonnen hatte oder damit beginnen wollte, auf die pseudoklerikalen Schreibverdammungen erwidern, außer den Stoßseufzer »O. k., o. k., o. k., ich laß es!« und dem Vorsatz, auf Teufelkommraus gesellschaftlich sinnvolle Arbeit zu leisten?

1971, keine drei Jahre nach dem ›Kursbuch 15‹ erschien im von rebellierenden Lektoren gesäuberten und wieder rundum befriedeten Suhrkamp Verlag ein Taschenbuch, auf dessen Verfasser das 68er-Verdikt des Hans Magnus Enzensberger offenbar keinen Eindruck gemacht hatte: *Gedichte 1955–1970 von Hans Magnus Enzensberger.*

Der da in aller Öffentlichkeit das Dichten für gesellschaftlich obsolet erklärt und in aller Stille privat weitergedichtet hatte, räumte in einem Gedicht *Zwei Fehler* ein:

Ich gebe zu, seinerzeit
habe ich mit Spatzen auf Kanonen geschossen.

Daß das keine Volltreffer gab,
sehe ich ein.

Dagegen habe ich nie behauptet,
nun gelte es ganz zu schweigen.

Schlafen, Luftholen, Dichten:
das ist fast kein Verbrechen

womit das soeben noch gesellschaftlich funktionslose Tun in einem Atemzug mit biologisch überlebenswichtigen Funktionen genannt und en passant auch noch der Bert Brecht auf den neuesten Stand gebracht wird:

Ganz zu schweigen
von dem berühmten Gespräch über Bäume.

Kanonen auf Spatzen, das hieße doch
in den umgekehrten Fehler verfallen.

Alles also wieder drin, Gespräch wie Gedicht – wie wohl mag unser mittlerweile dreiundzwanzigjähriger Nichtdichter diesen Dispens aufgenommen haben – mit einem resignierten »Zu spät«? Mit einem aufgebrachten: »*So* also bringt man seine Konkurrenz zum Schweigen« –?

Es hat nicht an Stimmen gefehlt, die Enzensberger Inkonsequenz, ja Opportunismus vorgeworfen haben – ich, lieber Horst, sehe in seinem Verhalten nicht persönliche Tücke am Werk, sondern die List des Zeitgeistes. Denn ob er seine Meinung nun geändert hat oder ob er insgeheim stets von der Wichtigkeit der Literatur – zumindest für die eigene Person – überzeugt war, unter dem Strich bleibt die Folgerung aus Enzensbergers Kurswechsel die gleiche: Trau keinem über dreißig. So, wie jener maghrebinische Vater, der dem auf eine Mauer gestellten Söhnchen mit ausgebreiteten Armen und den Worten »Spring doch« entgegentrat, um ihn sodann mit den Worten: »Mein Sohn, lerne jedem zu mißtrauen, selbst deinem Vater« auf den Bauch fallen zu lassen, so sollte Dich die Enzensberger-Episode lehren, immer dann wegzuhören, wenn mal wieder jemand die Überlebtheit einer Ausdrucksform, das Verscheiden einer Gattung oder das Ende der Kunst insgesamt proklamiert. Aus all diesen Befunden nämlich läßt sich verläßlich nur eines ermitteln: die momentane oder andauernde Befindlichkeit des jeweiligen Befinders.

Arno Holz mag nicht mehr Herz auf Schmerz reimen – also beerdigt er den Reim an sich und das gleich stellvertretend für alle Dichter und für alle Zeiten. Wolfgang Hildesheimer ist die Lebenswolle für das eine Zeitlang doch recht munter gesponnene Garn ausgegangen, also orakelt er vom *Ende der Fiktionen* und davon, daß die Wollvorräte der gesamten literarischen Welt erschöpft seien. Adorno hat – aber da muß ich weiter ausholen.

Adornos Diktum, den Zusammenhang von Kunst und Auschwitz betreffend, ist in verschiedenen Versionen überliefert: 1949 lautete es »Nach Auschwitz ein Gedicht zu schreiben, ist barbarisch«. 1967, in der ›Süddeutschen Zeitung‹, gab er sich verbindlich: »Der Satz, nach Auschwitz lasse kein Gedicht mehr sich schreiben, gilt nicht blank, gewiß aber, daß danach, weil es möglich war und bis ins Unabsehbare möglich bleibt, keine heitere Kunst vorgestellt werden kann.«

Heiter – das meint mit Sicherheit nicht komisch oder erheiternd, sondern, vermute ich, versöhnlich, tröstlich, harmonisch, oder auch lediglich »nicht unversöhnlich«. Ganz unmißverständlich aber ist Adorno da, wo er von dem spricht, was Auschwitz zwingend zur Folge hat: »Jene Schuld produziert sich unablässig, weil sie dem Bewußtsein in keinem Augenblick ganz gegenwärtig sein kann. Das, nichts anderes, zwingt zur Philosophie.«

Da trifft es sich ja bestens, daß der Schreiber der Zeilen Philosoph und nicht Dichter ist, magst Du an dieser Stelle denken, aber auch: Was hat eigentlich der Nichtdichter Adorno in diesem Zusammenhang verloren? Nun, auch er ist ein Mann des Wortes. Auch er weiß es so geschliffen zu führen, daß jeder Widerspruch geblendet verstummt – oder hat schon mal jemand die naheliegende Frage gewagt, ob Adorno *vor* Auschwitz ein Gedicht gelungen sei, oder ob er zur Vorkriegszeit durch eine wie immer geartete heitere Kunst von sich reden gemacht habe?

Eine andere Gegenfrage allerdings sollte nicht unerwähnt bleiben, die Peter Rühmkorfs, der in seinem Gedicht *Vom Einzelnen ins Tausendste* nachhakt:

A propos, von wem stammt eigentlich das Zitat
»Nach Auschwitz kann man keinen Adorno mehr lesen«?

3. Meide jüngere Literaten

Ein jüngerer Literat als Du, lieber Horst, ist schwerlich denkbar, ich weiß, ich weiß, doch aus Kindern werden Leute: Vielleicht wirst Du einmal Grund haben, dieser

Warnung zu gedenken. Zu Beginn will ich Dir eine Geschichte in zwei Versionen erzählen – entscheide Du, welche die triftigere ist.

Die Hauptfiguren: Goethe, Schiller und Hölderlin. In Nebenrollen treten auf: die Herren Schmid und Richter sowie der kaiserliche Hauptmann von Steigentesch; ferner der Schweizer Germanist Emil Staiger und der deutsche Publizist Franz Roh als Beschwerdeführer. Bitte, Herr Roh: »Hölderlin wird von seiten Schillers und Goethes durchaus verkannt in seinem Tiefenwert. Es ist vor allem Schiller, der Hölderlin als einen entscheidenden Neuerer deutscher Lyrik mißversteht.« Während er in Wirklichkeit als belangloser Traditionalist verstanden werden muß? Aber klammern wir uns nicht an mißverständliche Sätze, erteilen wir lieber Herrn Staiger das Wort: »Schiller scheint in Hölderlins Gedichten etwas Überspanntes zu wittern … Sowohl Goethes wie Schillers Urteil belegen die alte Erfahrung, daß Dichter am wenigsten berufen sind, anders gearteten Dichtern gerecht zu werden.«

Roh und Staiger sind nicht die einzigen, die so urteilen. Durch so gut wie alle Literaturgeschichten zieht sich die Klage, die Älteren hätten den genialen Jüngling weder in seinem Rang erkannt noch richtig beraten. Schiller wird seine an Hölderlin gerichtete Mahnung vorgehalten: »Auch vor einem Erbfehler deutscher Dichtung möchte ich Sie noch warnen, der Weitschweifigkeit nämlich.« Goethe wird vorgeworfen, er habe Schiller auf Kosten Hölderlins gelobt: »Ich will Ihnen nur auch gestehen, daß mir etwas von Ihrer Art und

Weise aus den Gedichten entgegensprach … allein sie haben weder die Fülle, noch die Stärke, noch die Tiefe Ihrer Arbeiten« – »Was wir heute als ein glattes Fehlurteil ansprechen dürfen«, kann Franz Roh da nur aufseufzen.

Aber heißt es nicht, Schiller habe den Landsmann Hölderlin gefördert? Nun ja … 1797 plant Goethe eine Reise nach Frankfurt und Schiller bereitet mehrere Treffen vor: »Ich habe meinem neuen Friedberger Poeten Schmid und auch Hölderlin von Ihrer nahen Ankunft in Frankfurt, Nachricht gegeben, es kommt nun darauf an, ob die Leutchen sich Mut fassen werden, vor Sie zu kommen … Sie werden dort auch wohl den kaiserlichen Hauptmann v. Steigentesch finden und sehen, was an ihm ist.«

Als ersten dieser Dichter – denn nicht nur die Leutchen dichten, auch der Hauptmann ist ein Poet, Schiller nahm einige seiner Gedichte in den *Musenalmanach* auf – trifft Goethe den Friedberger Schmid: »Schmid von Friedberg ist bei mir gewesen, er war keine unangenehme, aber auch keine wohltätige Erscheinung … Die Folge mag es zeigen, aber ich fürchte, es ist nicht viel Freude an·ihm zu erleben … Der zurückgezogenen Art nach erinnerte er mich an Hölderlin, ob er gleich größer und besser gebildet ist.« Worte, die Schiller sogleich zu weiteren Entschuldigungen veranlassen: »Mit meinem Protégé, Herrn Schmid, habe ich freilich wenig Ehre aufgehoben« – und da er schon mal dabei ist, hängt er in einem Aufwasch einen weiteren Protégé niedriger: »Ich möchte wissen, ob diese Schmid, diese Richter, diese Hölderlins absolut und unter allen Umständen so subjektivisch, so überspannt, so einseitig geblieben wären, ob es an etwas Primitivem liegt, oder ob nur der Mangel einer ästhetischen Nahrung und Einwirkung von außen und die Opposition der empirischen Welt, in der sie leben, gegen ihren idealischen Hang, diese unglückliche Wirkung hervorgebracht hat.«

Nun ist es an Staiger aufzuseufzen: »Diese Schmid, diese Richter, diese Hölderlins – der Plural, der jeden dieser Dichter zu einem einzelnen Beispiel einer beliebig großen Zahl erniedrigt, sowie die Zusammenstellung von Hölderlin und Jean Paul (Richter) mit Siegfried Schmid ist uns schmerzlich.«

Zumal es Schillers vorauseilender Protégékritik gar nicht bedurft hätte, da Goethe den Hölderlin ganz erträglich findet: »Gestern ist auch Hölderlin bei mir gewesen, er sieht etwas gedrückt und kränklich aus, aber er ist wirklich liebenswürdig und mit Bescheidenheit, ja mit Ängstlichkeit offen. Er ging auf verschiedene Materien auf eine Weise ein, die Ihre Schule verriet, manche Hauptideen hat er sich recht gut zu eigen gemacht, so daß er manches auch wieder leicht aufnehmen konnte. Ich habe ihm besonders geraten, kleine Gedichte zu machen und sich zu jedem einen menschlich interessanten Gegenstand zu wählen« – und worin befindet sich Goethe mit diesem Ratschlag, Herr Roh? »In gänzlicher Verkennung aller Umstände.« Auch fällt auf, daß Goethe die Bürger und Dichter Schmid und Hölderlin zu sich kommen läßt, während er dem adligen Freizeitpoeten geradezu nachstellt: »Hauptmann Steigentesch werde ich wohl nicht sehen, er geht hier ab und zu, meine Anfrage hat ihn einigemal verfehlt, und ein Billet, das ich das letzte Mal für ihn zurückließ, findet er vielleicht erst nach meiner Abreise.«

Das Kapitel Hölderlin aber ist für die beiden Dioskuren nach der Frankfurter Reise so gut wie abgeschlossen. Am 7. September 1797 erwähnt Schiller seinen vorgeblichen Protégé noch einmal, »Es war mir sehr angenehm, daß Hölderlin sich Ihnen noch präsentiert hat, er schrieb mir nichts davon, daß er's tun wollte, und muß sich also auf einmal ein Herz gefaßt haben«, danach ist in dem bis zu Schillers Tod im Jahre 1805 fortgeführten Briefwechsel vom Schützling nicht mehr die Rede. Nicht einmal die Tatsache, daß Hölderlin 1799, nach Aufgabe der Frankfurter Hauslehrerstelle, Schiller wie Goethe um Mitarbeit bei seiner geplanten Zeitschrift ›Iduna‹ bittet, ist einem der beiden eine Erwähnung wert, von einer Unterstützung Hölderlins ganz zu schweigen.

»Nicht nur Männer, deren Verehrer mehr als Freund ich mich nennen konnte, auch Freunde, Teuere! auch solche, die nicht ohne wahrhaften Undank mir eine Teilnahme versagen konnten – ließen mich jetzt – ohne Antwort … Schämen sich denn die Menschen meiner so ganz?« schreibt Hölderlin an Susette Gontard. »Die Berühmten nur, deren Teilnahme mir armen Unberühmten zum Schilde dienen sollte, diese ließen mich stehen, und warum sollten sie nicht?«

Der Stehengelassene versuchte noch weitere sechs Jahre im bürgerlichen Leben Tritt zu fassen, dann flüchtete er in den Wahnsinn, aus welchem ihn ein gnädiger Tod erst 1843 in die Unsterblichkeit entließ. Ende der ersten Version. Und nun die zweite – zusammen mit ihrer Vorgängerin bildet sie so etwas wie eine Kippfigur:

Seit seiner Maulbronner Klosterschulzeit liest und verehrt Hölderlin den elf Jahre älteren Schiller. Der Achtzehnjährige reist auf den Spuren des Vorbilds, »Wir kamen durch die schönsten Alleen nach Oggersheim ... Ich kam hier in das nämliche Wirtshaus, in welchem sich der große Schiller lange aufhielt ... Der Ort wurde mir so heilig – und ich hatte genug zu tun, eine Träne im Auge zu verbergen, die mir über der Bewunderung des großen genialischen Dichters ins Auge stieg«; der Dreiundzwanzigjährige besucht Schiller und erhält durch dessen Vermittlung eine Hauslehrerstelle bei Charlotte von Kalb; der Jüngling legt Schiller erste Arbeiten vor; der werdende Dichter betont seine Abhängigkeit vom Meister, »von Ihnen dependier ich unüberwindlich«, und rivalisiert zugleich mit ihm: »So wollte Hölderlin seine ästhetische Theorie, die er in dieser Zeit erarbeitete, unter dem Titel ›Neue Briefe über die aesthetische Erziehung des Menschengeschlechts‹ veröffentlichen, der eine Überbietung von Schillers Aesthetischen Briefen ankündigt«, schreibt Gerhard Kurz im *Bertelsmann Literatur Lexikon*.

Schiller fördert den Landsmann. Er verwendet sich beim Verleger Cotta für den *Hyperion* und veröffentlicht immer wieder Gedichte Hölderlins in seinen Musenalmanachen sowie in Zeitschriften wie ›Die Neue Thalia‹ oder ›Die Horen‹; mit welcher Gewissenhaftigkeit er dabei vorgeht, das soll anhand des Schicksals der Gedichte *An den Aether* und *Der Wanderer* dargestellt werden.

Am 20. Juni des Jahres 1797 schreibt Hölderlin von Frankfurt aus an Schiller. Er legt dem Brief den ersten Band des *Hyperion* bei, sowie die beiden erwähnten, langen Gesänge: »Möchten die Gedichte, die ich beilege, doch einer Stelle in Ihrem Musenalmanache gewürdigt werden können! – Ich gestehe Ihnen, daß ich zu sehr dabei interessiert bin, als daß ich ohne Unruhe mein Schicksal bis zur öffentlichen Erscheinung des Musenalmanachs abwarten könnte, und bitte Sie deswegen, etwas übriges zu tun und mir mit ein paar Linien zu sagen, was Sie der Aufnahme wert gefunden haben.«

Am 26. Juni trifft die Sendung bei Schiller ein, der, da er seinem eigenen Urteil nicht zu trauen scheint, tags drauf Goethe um Rat bittet: »Ich lege hier 2 Gedichte bei, die gestern für den Almanach eingeschickt worden sind.«

Schiller verschweigt den Absender, Goethe antwortet einen Tag später. In einem ausführlichen, abwägenden Brief kommt er zu einem positiven Befund: »Ich sollte denken, der ›Aether‹ würde nicht übel im Almanach und der ›Wanderer‹ gelegentlich ganz gut in den Horen stehen.«

Zwei Tage später bereits antwortet Schiller: »Es freut mich, daß Sie meinem Freunde und Schutzbefohlenen nicht ganz ungünstig sind.« Das »Tadelnswürdige« an den Arbeiten sei ihm aufgefallen, doch das habe nicht zuletzt persönliche Gründe: »Aufrichtig, ich fand in diesen Gedichten viel von meiner eigenen sonstigen Gestalt, und es ist nicht das erste Mal, daß mich der Verfasser an mich mahnte … denn kurz, es ist Hölderlin, den Sie vor etlichen Jahren bei mir gesehen haben.«

Vor drei Jahren, um genau zu sein, und dabei hatte Hölderlin nicht gerade den besten Eindruck hinterlassen. Dem Freund Neuffer schreibt er, er sei einige Male bei Schiller gewesen, »das erstemal eben nicht mit Glück«. Beim Eintreten bemerkt er einen Fremden, wird ihm vorgestellt, versteht jedoch den Namen nicht: »Kalt, fast ohne einen Blick auf ihn begrüßt ich ihn, und war einzig im Innern und Äußern mit Schillern beschäftigt.« Schiller bringt ein Exemplar der ›Thalia‹, in welchem ein *Hyperion*-Fragment und ein Gedicht Hölderlins abgedruckt sind, dann verläßt er den Raum. Der Fremde blättert »neben mir in den Fragmenten«, stellt Fragen, »und ich beantworte das alles so einsilbig, als ich vielleicht selten gewohnt bin«. Das geht noch eine Weile so weiter, bis zur voraussehbaren Pointe: »Ich ging, und erfuhr an demselben Tage im Klub der Professoren, was meinst Du? daß *Goethe* diesen Mittag bei Schiller gewesen sei.« Große Bestürzung, doch beim Abendessen, das er wieder bei Schiller einnimmt, tröstet ihn der Gastgeber nach besten Kräften, »auch durch seine Heiterkeit und seine Unterhaltung«.

Goethe ist in der Tat nicht nachtragend. Auf Schillers Hölderlin-Enttarnung antwortet er: »… der Verfasser verdient wohl, besonders da Sie frühere Verhältnisse zu ihm haben, daß Sie das Mögliche tun, um ihn zu lenken und zu leiten.«

Am 15. August kann denn auch ein von Herzen dankbarer Hölderlin hocherfreute Zeilen nach Jena richten: »Ihr Brief wird mir unvergeßlich sein, edler Mann! Er hat mir ein neues Leben gegeben. Ich fühle tief, wie treffend Sie meine wahrsten Bedürfnisse beurteilt haben, und ich folge um so freiwilliger Ihrem Rat, weil ich wirklich schon eine Richtung nach dem Wege genommen hatte, den Sie mir weisen … Ich danke Ihnen innigst für Ihre gütige Aufnahme des ›Wanderers‹ in die Horen. Glauben Sie, daß ich diese Ehre zu schätzen weiß! Auch freut es mich äußerst, daß Sie den ›Aether‹ Ihres Almanachs würdig gefunden haben« – und spätestens hier sollten auch wir den breit beschriebenen Vorgang kurz würdigen:

Da schickt ein junger, kaum bekannter Autor zwei Gedichte ein, und innerhalb von drei Tagen verständigen sich die Angeschriebenen darüber, ob die Einsendungen etwas taugen und wo eine Publikation denkbar sei. Wer je mit Zeitschriften oder Verlagen zu tun hatte, sei es als Einsender, sei es als Redakteur oder Lektor, der weiß, daß eine solch rasche Urteilsfindung ans Wunderbare grenzt. Zumal die Beurteiler ja keine Vollzeitredakteure sind, die, Schreibtisch an Schreibtisch sitzend, nichts anderes zu tun hätten, als einander Manuskripte rüberzureichen. Es handelt sich vielmehr um die beiden berühmtesten Dichter der Nation, die gerade eine ihrer produktivsten Phasen durchleben.

»Wollten Sie mir doch eine Abschrift der Wallensteiner schicken?« fragt Goethe am 5. Juli 1797 bei Schiller an. Er seinerseits hat gerade den seit Jahren liegengebliebenen *Faust* hervorgeholt, was der davon in Kenntnis gesetzte Schiller wiederum von Herzen begrüßt: »Wenn Sie jetzt wirklich an den Faust gehen, so zweifle ich auch nicht mehr an seiner völligen Ausführung, welches mich sehr erfreut.« Damit nicht genug: Beide Dichter sind just in diesen Sommerwochen dabei, ihre bekanntesten Balladen zu verfassen. Am 10. Juni mahnt Goethe zur Eile und verweist nicht ohne Stolz auf seine gerade abgeschlossenen Produktionen, *Die Braut von Korinth* und *Der Gott und die Bajadere:* »Leben Sie recht wohl und lassen Ihren Taucher je eher je lieber ersaufen. Es ist nicht übel, da ich meine Paare in das Feuer und aus dem Feuer bringe, daß Ihr Held sich das entgegengesetzte Element aussucht.«

Schiller tut wie empfohlen, und schon am 18. Juni kann er davon berichten, er habe »auch etwas weniges poetisiert: ein kleines Nachstück zum Taucher« – wobei es sich um die Ballade *Der Handschuh* handelt, die sogleich Goethes Beifall findet: »… wirklich ein artiges Nach- und Gegenstück«, schreibt er am 21. Juni – da freilich sitzt Schiller bereits am *Ring des Polykrates,* dessen Lob Goethe am 27. Juni mit einem Dank verbindet: »Der Ring des Polykrates ist sehr gut dargestellt … Ihre Bemerkungen zu Faust waren mir sehr erfreulich« – denn Schiller hatte zwischendurch noch die Zeit gefunden, das Goethesche Konvolut nicht nur zu lesen, sondern auch ausführlich zu bedenken, und das trotz angeschlagener Gesundheit: »Meine Krämpfe regten sich seit einigen Tagen wieder stärker und ließen mich nicht schlafen.«

Wahrlich ein Wunder, daß diese beiden pausenlos Produzierenden noch die Zeit fanden, sich der Produktionen dritter anzunehmen. Daß sie den Jüngling umgehend beurteilten und berieten, wobei ihr Rat, sich kurz zu fassen, ja so verkehrt nicht war: Die vierzehnzeilige Elegie »Hälfte des Lebens« (»Mit gelben Birnen hänget und voll mit wilden Rosen«) wird allgemein unter die schönsten Gedichte Hölderlins gerechnet.

Ganz und gar kein Wunder aber war es, daß Schiller wie Goethe keine Beiträge für Hölderlins geplante Zeitschrift ›Iduna‹ lieferten. Am Ende des Jahres 1797 hatte Schiller seine ›Horen‹ »selig einschlafen« lassen, keine zwei Jahre darauf will der noch grüne Jüngling in eben jene See stechen, auf welcher der branchenerfahrene Ältere gescheitert war. Wenn jemand die Schwierigkeit, ja Windigkeit des geplanten Unternehmens einschätzen konnte, dann Schiller. Der sah den Jung-Verleger Steinkopf doch geradezu vor sich: »Mein lieber Hölderlin, ziehnse erstmal ordentlich Arbeiten von Prominenten an Land, Goethe, Schiller, Herder, diese Hausnummer, und dann sehn wir weiter. Und denken Sie noch mal über den Namen nach … Iduna … Ich glaub ja Ihrer Versicherung, daß das ein guter Zeitschriftentitel ist, aber das Bessere ist der Feind des Guten – habe die Ehre.«

Auch konnte sich Schiller vermutlich ohne Schwierigkeiten Hölderlins einigermaßen weltfremdes Blattkonzept ausmalen: »Also Vereinigung und Versöhnung der Wissenschaft mit dem Leben, der Kunst und des Geschmacks mit dem Genie, des Herzens mit dem Verstande, des Wirklichen mit dem Idealischen, des Gebildeten (im weitesten Sinne des Worts) mit der Natur – dies wird der allgemeinste Charakter, der Geist des Journals sein« – mit solch schwärmerischen Worten hatte Hölderlin versucht, dem Verleger sein Projekt schmackhaft zu machen. Dementsprechend illusionslose Töne schlägt Schiller in seinem Absagebrief an: »Die Erfahrungen, die ich als Herausgeber periodischer Schriften seit 16 Jahren gemacht, da ich nicht weniger als 5 verschiedene Fahrzeuge auf das klippenvolle Meer der Literatur geführt habe, sind so wenig tröstlich, daß ich Ihnen als aufrichtiger Freund nicht raten kann, ein Ähnliches zu tun«; auch sei der Verleger ein »unbedeutender Anfänger, ohne einen gewissen Rückhalt von eigenem Vermögen« – Finger weg, junger Mann!

So spricht der alte Hase, der junge Dachs aber wittert Ranküne, wenn nicht Schlimmeres – nicht einmal der liebenswürdige Hölderlin konnte es sich nach dem Scheitern seiner Hoffnungen verkneifen, die berühmten älteren Herrschaften in seinem Brief an Susette Gontard kurz, aber gezielt vom Sockel zu stoßen: »Jeder, der in der Welt sich einen Namen macht, scheint ja dem ihrigen einen Abbruch zu tun; sie sind dann schon nicht mehr so einzig und allein die Götzen; kurz, es scheint mir bei ihnen, die ich mir ungefähr als meinesgleichen denken darf, ein wenig Handwerksneid mitunter zu walten.«

Verhimmeln – verteufeln: Geradezu zwanghaft wiederholen junge Literaten diesen offenbar naturwüchsigen Göttersturz. 1807 plant Heinrich von Kleist eine

literarische Zeitschrift. Für den ›Phöbus‹, der im Selbst-
verlag erscheinen soll, bittet er prominente Federn um
Beiträge, Wieland, Jean Paul und, natürlich, Goethe. Die
Angeschriebenen halten sich wohlweislich zurück, doch
Kleist läßt nicht locker: Am 24. Januar 1808 schickt er
dem »Hochzuverehrenden Geheimrat gehorsamst das
erste Heft des ›Phöbus‹«. »Es ist auf den ›Knien meines
Herzens‹, daß ich damit vor Ihnen erscheine«, schreibt
er und bittet um wohlwollende Prüfung des Inhalts,
vorzugsweise seines *Penthesilea*-Fragments.

Vorbildlich rasch antwortet der Verehrte. Am 1. 2. 1808
gesteht er in noblen Worten sein Unverständnis ein:
»Mit der Penthesilea kann ich mich noch nicht befreun-
den. Sie ist aus einem so wunderbaren Geschlecht und
bewegt sich in einer so fremden Region, daß ich mir Zeit
nehmen muß, mich in beide zu finden …« Sodann
macht er dem Autor Mut. Der hatte beklagt, daß sein
Penthesilea-Trauerspiel zu früh komme: »Es ist übrigens
ebensowenig für die Bühne geschrieben, als jenes
frühere Drama: der Zerbrochene Krug, und ich kann
es nur Ew. Exzellenz gutem Willen zuschreiben, mich
aufzumuntern, wenn letzteres doch in Weimar gegeben
wird.«

Eben eben, muß sich da Goethe gedacht haben und
ermuntert engagiert zu weiteren Taten: »Auch erlauben
Sie mir zu sagen, daß es mich immer betrübt und bekümmert, wenn ich junge Männer von Geist und Talent sehe,
die auf ein Theater warten, welches da kommen soll …
Vor jedem Brettergerüst möchte ich dem wahrhaft
theatralischen Genie sagen, hic Rhodus, hic salta!«

Abgewogene Worte, ausgewogene Sätze, denen jede kränkende Absicht erkennbar fehlt, was deutsche Professoren und Publizisten freilich nicht davon abhält ebenso hartnäckig wie einseitig Partei zu ergreifen, seltsamerweise nie für den weltweisen Olympier, sondern stets für seinen ungestümen Anbeter: »Das Schreiben, das er – als überhaupt einziges – daraufhin von Goethe erhält, war vernichtend«, urteilt der Goethe-Biograph Karl Otto Conrady – man könnte auch: »verurteilt« sagen.

»Goethe konnte freilich nicht zustimmen ... Wie konnte sich der junge Mann unterstehen, die olympisch beschwichtigte Ruhe zu stören«, kommentiert der Kleist-Biograph Curt Hohoff – man könnte auch: »kritisiert« sagen.

Was aber hatte sich Goethe zuschulden kommen lassen? Der hatte doch gar nicht abgelehnt, sondern um Bedenkzeit gebeten und aufgemuntert – immerhin zählt er Kleist unter die »Männer von Geist und Talent«. Und er beläßt es nicht bei Worten: Am 2. März 1808 wird *Der Zerbrochene Krug* in Weimar uraufgeführt, leider »in drei Akte zerstückt. Es wurde ein eklatanter Mißerfolg« – worauf Kleist den Theaterleiter Goethe wegen Dramenmißhandlung zum Duell fordern will. Daraus wird nichts, doch stellt Kleist den alten Herrn zu einem spirituellen Zweikampf. In einem *Herr von Goethe* überschriebenen Epigramm führt er den schrecklichsten aller Widersacher gegen ihn ins Feld, einen schier unbezwingbaren Konkurrenten: Ihn selber als Jüngling.

Siehe, das nenn ich doch würdig, fürwahr, sich im Alter
beschäftigen!

Er zerlegt jetzt den Strahl, den seine Jugend sonst
warf.

»Du bist auch nicht mehr der Jüngste!« Seit Kleists
Tagen haben selbsternannte Söhne bzw. Gläubige nicht
damit aufgehört, diesen Holzhammer gegen selbstge-
wählte Väter bzw. Götter zu erheben. 1983 veröffentlichte der Suhrkamp Verlag den Roman *Irre* des damals
29jährigen Rainald Goetz, und der führt in diesem
reichlich autobiographischen Text einigermaßen exem-
plarisch so ziemlich alle Haltungen vor, dank derer sich
ein Newcomer innerhalb einer schon deutlich besetzten
Szene Gehör und Platz zu schaffen erhofft:

a) Die rituelle Niedermache

»Wenn Sie so ein Geschrei machen, versäumen Sie
das Beste, nämlich DIE PEINSACKPARADE, klar,
wahr und lustig.« Einer dieser Peinsäcke ist »Herr Be…
Jetzt ist unser Heiland schon 65 geworden … Nobel-
preisträger, Ehrenbürger, Ehrendoktor« – also der Böll.
Chefpeinsack aber ist »Herr Ge … hat die ›Zuwachs-
rate Unsterblichkeit‹ erfunden … damit es sich später,
wenn man noch seniler ist, wieder lohnt, unsterblich-
keitsmäßig und sub specie, daß man doch wieder den
Künstler macht« – also der Grass.

b) Die spirituelle Anmache

»Den Ringkursus für Fortgeschrittene habe ich schon angekündigt, jetzt geht er los. Als Demonstrationsgegner habe ich mir den Dichter Ee herausgesucht« – also Enzensberger, den Goetz offenbar persönlich kennt, »nach dem Film habe ich Ihnen im ›Größenwahn‹ von meiner damaligen ›Seele auf Eis‹ erzählt«, und bei dem er die tradierten Griffe versucht: Er ist fix alt, »in seiner mittfünfzigjährigen chronifizierten Pubertät als Lebensprinzip«, fix feige, »Verzeihen Sie, Herr Ee, Sie sind mir mit Ihrem halben Mut zu wenig mutig«, fix unbedarft, »Der Jüngere muß es also in allem Ernst dem Alten sagen: Herr Ee, Sie haben auch nur ein Spieler-Leben. Sie stehen gut im sechsten Jahrzehnt … Man fühlt sich halt von Ihren Provokationen inzwischen nicht mehr so recht provoziert, sondern eher verarscht. Das weiß doch inzwischen auch der Letzte Landarzt, daß Sie morgen schon wieder belustigt abwacheln: Nee nee Kinder, hört Sie der Landarzt schon heute aus der morgigen ultraneuesten Ecke rufen, das ist ja richtig rührend, wie ihr euch da schon wieder aufregt über mich, das ist doch wirklich süß … Du nix verstehen?« Fazit: Der Enzensberger ist fix alt, fix feige, fix unbedarft und fix fertig: »Schlapp, fertig, Schultersieg. Sakrament, war das ein Ringkampf, und ausgerechnet mit diesem Typen. Aber ich brauche doch keinen Gegner aus einer anderen Galaxis bekämpfen; und ich brauche mich außerdem nicht nur mit irgendwelchen Nullen abzuplagen, sondern muß logisch erstmal meine Götter entthronen.«

c) Die ostentative Stimmungsmache

Kein Jungliterat war je so töricht, alle Älteren vom Platz räumen zu wollen. Meist blieben die Großväter unangetastet – Hölderlin ließ Klopstock gelten, Kleist Wieland –, häufig gönnt man Onkeln jene freundlichen Worte, die man den Vätern naturgemäß vorenthalten muß. Auch mich hat Goetz in diese Gute-Onkel-Riege aufgenommen, 1983, nachdem er in *Irre* dem »prä-senilen« Professor De, also Drews, vorgehalten hatte, er schludere ständig irgendeinen »Achternbusch-Aufsatz-Aufguß« zusammen, »alles Larifari« : »Aber jetzt, jetzt kommts! Denn wie, wie macht so einer denn sein dummes Larifari! Logisch todernst, mit einem solchernen Ernst, mit so todernst zusammengebissenen Zähnen, daß ich seit einiger Zeit in solche Gesichter immer nur reinschlagen möchte, daß ihnen die zusammengebisse-nen Zähne aus dem Mund fallen, oder rein in den Bauch. Und während dem Zuschlagen möcherte ich Preislieder singen auf die Kluge-Gernhardt-Achternbuschs.«

Weit und breit kein Professor Staiger, den dieser Plural schmerzlich berührt? Macht nichts – ziehen wir halt eine andere Parallele: Von diesem Preislied wußte ich noch nichts, als ich während einer Buchmesse dem schon etwas älter gewordenen Goetz begegnete. Ende der 80er kam es im Hause des Verlegers Unseld zu einem Dialog zwischen den Generationen, der den zwi-schen Goethe und Hölderlin in punkto Sprachlosigkeit um Längen geschlagen haben dürfte. »Ach, der Herr Bernhard«, sprach mich Goetz von der Seite an, worauf ich schlagfertig »Ach, der Herr Boetz!« erwiderte, und wir uns im Gedränge wieder aus den Augen verloren.

Das ging ja noch mal gut, magst Du, lieber Horst, nun denken – glaub mir: Oft gehen solche Treffen schlecht aus, da der ostentativ gefeierte Onkel aus leicht durchschaubaren Gründen ebenfalls gern zum spirituellen Ringkampf gefordert wird, und sei es auch nur deswegen, weil der Jungliterat zufällig einen Sparringspartner braucht. Also Vorsicht bei jüngeren Verehrern! Sie töten den Nerv, rauben die Ruhe, stehlen die Zeit und sind hin und wieder auf noch handfestere Beute aus.

»Sehr geehrter Herr Sander!« schreibt der noch in Kalifornien weilende Thomas Mann am 26. Oktober 1950 an Herrn H.D. Sander, Deutschland: »Ihr Brief und der Wunsch, den Sie darin aussprechen, scheint mir doch eine etwas überoriginelle und gesuchte Form der Annäherung. Warum sollte ich Ihnen eine Sportmütze kaufen, da es solche in Deutschland massenweise zu kaufen gibt, und da Sie Geld haben, sich eine zu besorgen. Ich trage die Sportmütze, die ich ungern ›Schiebermütze‹ genannt höre, gern bei windigem Wetter und im offenen Auto … Ich folge Ihrer Warnung gern, Ihren Brief irgendwie für hintergründig zu halten, und nehme ihn als Zeichen freundlichen, aber etwas ungeschickt praktizierten Vertrauens. Mit guten Wünschen« – welch olympische Ruhe solch nachsichtigen Zeilen entströmt! Wie menschlich sich diese Olympier zugleich geben, ob sie nun Goethe heißen oder Mann!

Freilich ist solche Gelassenheit nicht jedermanns Sache. Der 64jährige Gottfried Benn versucht, das leidige

Verehrerproblem durch ein biologisches Limit zu lösen.

»Anbei der Brief von dem Studenten aus Bonn zurück«, schreibt er am 3. Februar 1951 an Oelze. »Eigentlich habe ich beschlossen, nach neueren Erfahrungen keinen Mann unter 45 mehr in meine Wohnung zu lassen, diese jungen Schnösel sind alle unmöglich« – wirklich alle? Drei Jahre zuvor hatte Benn dem Briefpartner von einem angeregten Abend berichtet: »Ein neuer Jünger und Verehrer ist aufgetaucht, 29jährig. Als er das erste Mal an der Tür klingelte, öffnete ich die Tür nur eine Spalte u. schlug ihm vor, mich anzurufen. Das tat er. Kam dann eines Abends. Brachte eine große Flasche Schnaps mit, war dann nach 1 Stunde blau. Faßte immer nach mir u. wollte mich berühren, obschon meine Frau da war. Aber die grüne Chartreuse war gut, wir bissen ordentlich ab, u. da er nicht erwartete, ernst genommen zu werden u. ich das für meine Person ja auch in keiner Weise wünsche, amüsierten wir uns alle.«

»Neuer Jünger: vermutlich der Journalist und Schriftsteller Joachim Seyppel, wie sich aus der Altersangabe schließen läßt«, heißt es in den »Erläuterungen« des Briefbandes. Immerhin ein Anbeter, der nicht mit leeren Händen vor seinem Idol erschien; und nicht nur seine schwankende Gestalt wirft die Frage auf, ob es nicht doch auch mal gut ausgehen kann, wenn unterschiedlich alte Männer des Wortes den Versuch unternehmen, miteinander ins Gespräch zu kommen.

Hatte nicht der zweiundzwanzigjährige Goethe um die Zuneigung des vier Jahre älteren Herder gerungen, ohne sich durch dessen Zurückhaltung in den Wahnsinn oder den Selbstmord treiben zu lassen? Allenfalls Gehbeschwerden kalkulierte der Jüngere ein: »Herder, Herder... Ich lasse sie nicht los. Ich lasse Sie nicht! Jakob rang mit dem Engel des Herrn. Und sollt ich lahm drüber werden.«

Hatte nicht der dreißigjährige Schiller anfangs den Goethe-Kult verlacht – »Eine gewisse kindliche Einfalt der Vernunft bezeichnet ihn und seine ganz hiesige Sekte« –? Hatte er den zehn Jahre älteren nicht in einer Art und Weise auf die Matte legen wollen, welche die Schulterwurf-Phantasien eines Rainald Goetz als geradezu knäbisch erscheinen läßt – »Ich betrachte ihn wie eine stolze Prüde, der man ein Kind machen muß, um sie vor aller Welt zu demütigen« –? Und hatte er nicht fünf Jahre später, 1794, ganz andere Töne angeschlagen, als er, der mittlerweile 35jährige, beim berühmten Kollegen mit jener Bitte vorstellig wurde, die zu dieser Zeit offenbar so gut wie jeder Jungdichter irgendwann einmal an sein Vorbild zu richten pflegte: »Beiliegendes Blatt enthält den Wunsch, die Zeitschrift mit Ihren Beiträgen zu beehren« –?

Schiller spricht von den ›Horen‹, Goethe willigt in die Mitarbeit ein, und zwei Monate später ist man sich bereits so nahegekommen, daß der Ältere dem Jüngeren für den Brief dankt, »in welchem Sie, mit freundschaftlicher Hand, die Summe meiner Existenz ziehen«, worauf Schiller »mit Freuden die gütige Einladung nach Weimar« annimmt. Viele Begegnungen und rund tausend weitere Briefe werden folgen.

»Eines der merkwürdigsten Ereignisse bisheriger Menschheitsgeschichte«, nennt Franz Roh diesen Geistesbund in seiner ansonsten düster gehaltenen Jammertalwanderung *Der verkannte Künstler.* »Dieser Bund wird leuchten, solange die Menschheit empfindet«, rühmt er. »Nie wieder hat die Geschichte auf gleicher Höhe etwas Derartiges hervorgebracht.« Auf jeden Fall wenig vergleichbar Gutartiges, da das beiderseitige Bemühen um Sinn für Verständnis wirklich nicht ganz von dieser Welt ist. Nur hin und wieder blitzt eine Ahnung davon auf, was da alles hätte schief gehen können, beispielsweise am 24. Juni 1798, als Goethe den Briefpartner auf die Probe stellt: »In das andere beiliegende Manuskript mochte ich gar nicht hineinsehen, es mag ein Beispiel eines unglaublichen Vergreifens im Stoffe, und weiß Gott für was noch anders ein warnendes Beispiel sein. Ich bin recht neugierig, was Sie diesem unglücklichen Produkte für eine Nativität stellen.«

Ob Schiller den recht beizenden Braten gerochen hat? Jedenfalls prüft er das immerhin zweiaktige Dramenfragment unverzüglich und antwortet postwendend: »Auch das Drama folgt zurück; ich habe es gleich gelesen und bin in der Tat geneigt, günstiger davon zu denken, als Sie zu denken scheinen. Es erinnert an eine gute Schule, ob es gleich nur ein dilettantisches Produkt ist und kein Kunsturteil zuläßt… Wenn es nicht von weiblicher Hand ist, so erinnert es doch an eine gewisse Weiblichkeit der Empfindung, auch insofern ein Mann diese haben kann.« Worauf Schiller wie im Falle Hölderlin rät, »Longueurs und Abschweifungen« zu meiden. »So läßt es sich gewiß mit Interesse lesen. Wenn ich den Autor wissen darf, so wünsche ich, Sie nennten ihn mir.«

Im Antwortbrief läßt Goethe die Maske fallen – oder macht er lediglich gute Miene zum kritischen Spiel? »Zufälligerweise, oder vielmehr weil ich voraussetzte, Sie wüßten, daß Elpenor von mir sei, sagte ich es nicht ausdrücklich im Brief, nun ist es mir um so viel lieber, da dieses Produkt ganz rein auf Sie gewirkt hat ... Ich freue mich über Ihre Klarheit und Gerechtigkeit, wie so oft schon, also auch in diesem Falle ... Hierbei zwei kleine Gedichte von Schlegel.«

Gemeint ist August Wilhelm Schlegel, und diesen Namen hört Schiller nicht so gern: »Wenn mir Schlegel noch etwas Bedeutendes für den Almanach bestimmen will, so habe ich gar nichts gegen die Einrückung dieser Gelegenheitsverse«, antwortet er. »Sollen sie aber sein einziger Beitrag sein, den er nicht einmal ausdrücklich dafür schickt, so könnte es das Ansehen haben, als wenn wir nach allem griffen, was von ihm zu haben ist, und in dieser Not sind wir nicht. Ich habe so wenig honette Behandlung von dieser Familie erfahren, daß ich mich wirklich in acht nehmen muß, ihnen keine Gelegenheit zu geben, sich bedeutend zu machen. Denn das wenigste, was ich riskierte, wäre dieses, daß Frau Schlegel jedermann versicherte, ihr Mann arbeite nicht mit an dem Almanach, aber um ihn doch zu haben, hätte ich die zwei gedruckten Gedichte aufgegriffen.«

Offenbar stark vermintes Gelände – was geht da vor, Herr Staiger? »Wenig honette Behandlung – Schiller denkt da an A.W. Schlegels Teilnahme an Friedrichs infamen Rezensionen seiner Gedichte und an das böse Geschwätz von August Wilhelms Gattin Caroline. Die Schlegels hatten sich tatsächlich immer wieder bemüht, Goethe von Schiller abspenstig zu machen.«

Eine Fußnote zum Goethe-Schiller-Briefwechsel, die eine weitere Variante des programmierten Generationenkonflikts aufblitzen läßt: Die Enkel versuchen, den Großvater dazu zu bringen, den Vatermord gutzuheißen. Wobei Du, lieber Horst, die Tatsache berücksichtigen solltest, daß in den Künsten seit der Zeit des Sturm und Drang ca. alle zehn Jahre eine neue Generation die Walstatt betritt: Die Gebrüder Schlegel (Jahrgang 1767 resp. 1772) hofieren Goethe (Jahrgang 1749) und fahren in Sachen Schiller (Jahrgang 1759) eine Doppelstrategie: August Wilhelm, der Ältere, arbeitet auf Wunsch Schillers für die ›Horen‹, Friedrich, der Jüngere, preist in einer Rezension Goethes Gedichte zum *Musenalmanach für das Jahr 1796* mit den Worten »Der größte Dichter unserer Zeit«, und tadelt Schillers Beiträge, vorzüglich das Gedicht *Würde der Frauen:* »Strenge genommen kann diese Schrift nicht für ein Gedicht gelten: Weder der Stoff noch die Einheit sind poetisch. Doch gewinnt sie, wenn man die Rhythmen in Gedanken verwechselt und das ganze rückwärts liest.«

Ist das nun infam? Oder witzig? Gar zutreffend? Schiller jedenfalls fühlte sich durch das Verhalten der Söhne aufs höchste gereizt, zumal dann, wenn er mitansehen mußte, daß es Vatern gar nicht so unlieb war, wenn ihm die Enkel um den Bart gingen. Im Ernstfall freilich konnte sich der Sohn auf ihn verlassen. So auch diesmal. Zur Frage der Schlegelschen Mitarbeit am *Musenalmanach* findet Goethe konziliante Worte, denen solidarische Taten folgen: »Die Kautel wegen Schlegels finde ich ganz den Verhältnissen gemäß, wir wollen nun das Weitere abwarten«, schreibt er am 30. Juni, und am 25. Juli heißt es: »Wilhelm schickt mir beiliegendes Gedicht für den Almanach, welches ich aber keineswegs empfehlen, ja nicht einmal verteidigen will.«

Als Dichter tauge der August Wilhelm nicht viel, aber als Journalisten seien die beiden Brüder doch ganz passabel: »Das Schlegelsche Ingrediens mit seiner ganzen Individualität scheint mir denn doch in der *Olla potrida* unsers deutschen Journalwesens nicht zu verachten.«

Der zornige Schiller hält dagegen, »die Blößen, welche die Herrn sich, in ihrer einseitigen und übertreibenden Art, geben, wirft auf die gute Sache selbst einen fast lächerlichen Schein«, worauf der verbindliche Goethe am 28. Juli noch ein weiteres Stückchen von den Enkeln abrückt: »Was noch allenfalls zugunsten der Schlegel zu sagen wäre, wollen wir auf eine mündliche Unterhaltung versparen.«

Dabei hätte ich gern Mäuschen gespielt.

4. Meide Literatinnen

Gott, lieber Horst, wußte, warum er das Gebot erließ: Du sollst dir kein Bildnis machen. Der Apostel sah nie klarer, als an dem Tag, da er zur Regel erhob: Das Weib schweige in der Kirche. Leider haben Säkularisierung, falschverstandene Aufklärung und die Schwäche des vorgeblich starken Geschlechts dazu geführt, daß die Frauen in aller Öffentlichkeit das Verbotene tun: Sie machen sich ein Bild vom Manne, und – schlimmer noch – sie machen es publik. Aber sind das überhaupt noch Frauen?

Die Brüder Goncourt hatten da so ihre Zweifel. »Madame Sand ist das Gespräch des Abends«, notieren sie am 19. August 1863 nach dem Besuch einer Männerrunde in ihr Tagebuch, »Man zieht ihre Liebschaften durch und stimmt darin überein, daß ihr wenig Weibliches eignet. Eine wesentliche Kälte macht es ihr möglich, kühlen Kopfes über ihre Geliebten zu schreiben, kaum, daß sie mit ihnen geschlafen hat. Mérimée erwischte eines Tages, als er sich aus dem Bett erhob, ein Blatt Papier, das sie ihm entriß: es war sein Portrait.«

Gesegnete Zeiten, da der Blick nur in eine Richtung fiel: auf die Frau. Petrarca sah und besang Laura, Shakespeare liebte und bedichtete die »Dunkle Dame«, Goethe traf und verewigte Friederike, Lili, Lotte. Dann freilich warfen Frauen den Blick zurück und dichteten ihn an: Marianne von Willemer, deren Suleika-Verse der Angedichtete unter eigenem Namen in seinen *West-Östlichen Divan* aufnahm, Bettina von Arnim, deren Phantasmagorie *Goethes Briefwechsel mit einem Kinde* sie der Öffentlichkeit wohlweislich erst 1835, nach Goethes Tod, zumuten zu können glaubte.

Von da an ging's bergab. Es entzieht sich meiner Kenntnis, was die Schriftstellerin George Sand aus der mit dem Kollegen und *Carmen*-Erfinder verbrachten Nacht gemacht hat, möglicherweise nichts, da er ihr sein Portrait ja entrissen hatte. Von anderen Fällen literarisch verwerteter Liebesnächte freilich weiß jeder Lesende ebenso zu berichten wie von der einzig möglichen Schlußfolgerung, die sie dem schreibenden Mann nahelegen: Hände weg von der schreibenden Frau!

1947 besucht Simone de Beauvoir die Vereinigten Staaten, wo sie den Kollegen Nelson Algren, Autor von *Der Mann mit dem goldenen Arm,* kennen-, lieben- und verwertenlernt. Erstmals erwähnt sie ihn in ihrem 1948 erschienen Reisebericht *Amerika – Tag und Nacht,* noch figuriert er als Kürzel N. A.

1954, drei Jahre nach ihrer Trennung, hat er bereits einen Namen: Als Lewis Brogan liebt er die Erzählerin Anne, und die ist in Simone de Beauvoirs Schlüsselroman *Die Mandarins von Paris* das alter ego der Autorin: »Mit seinen Händen, seinen Lippen, seinem Sexus, mit seinem ganzen Körper schenkte er mir sein Herz.«

Damit nicht genug: 1963, im *Lauf der Dinge* betitelten dritten Teil ihrer Autobiographie läßt sie Nelson Algren erneut auftreten, diesmal unter eigenem Namen und vor dem Hintergrund der bereits als bekannt vorausgesetzten Fiktion: »Unser erster Tag glich den Tagen, die Anne und Lewis in ›Les Mandarins‹ verbringen: Befangenheit, Ungeduld, Mißverständnisse, Verdrossenheit und zuletzt der Glanz einer tiefen Übereinstimmung.«

Erst dieser dritte Streich veranlaßt den Mehrfachhelden, nun seinerseits zurückzublicken. In Interviews und Artikeln fleht er die Verflossene geradezu an, die Vergangenheit doch endlich ruhen zu lassen: »Sie romantisiert die Affäre wie eine alte Jungfer. Es ist eine Fälschung, aus alldem eine Héloise-und-Abélard-Geschichte zu machen. Sie ist nicht Héloise, und ich bin nicht Abélard – hoffentlich nicht. Sie schreibt wie in einem Dreigroschenroman – Madame Quatsch-Quatsch … Sie ist völlig humorlos.«

Reisebericht, Roman, Memoiren – eine solche Mehrfachverwertung ist selten. Doch genügt es, wenn ein berühmter Dichter in der *Chronique scandaleuse* einer weniger berühmten Dichterin auftaucht, um seinen Biographen in punkto Wortwahl jeden Respekt sausen zu lassen. »Eine der Frauen, die Rilke damals kennenlernte, war die ›Grande Dame du Dada‹ Claire Studer, die Mitte November 1918 nach München kam und Rilke, dem sie schon ihren Gedichtband *Mitwelt* geschickt hatte, bei dieser Gelegenheit (das Wort ist mit Bedacht gewählt) vernaschte.«

Oder trifft Wolfgang Leppmanns bewußt gewähltes Wort das Verhalten dieser Vernaschenden sowie ihr Verhältnis zum Vernaschten wie der sprichwörtliche Hammer den vielbeschrieenen Nagel, nämlich auf den Kopf? Genagelt jedenfalls wird in der *Chronique* der Claire Studer, nachmalige Claire Goll, nicht allzuviel, dafür dauernd genascht. Das geht schon auf dem Wege zum Zuvernaschenden los: »Am folgenden Tage eilte ich zu Rilke in die Ainmillerstraße 34. Aber bevor ich die Treppe hinaufstieg, hielt ich mich ein Weilchen im Zwischenstock bei Frau Klee auf, um die Panik, die mich ergriffen hatte, zu überwinden. Da ich Rilkes Ruf als Frauenverführer kannte, zitterte ich wie Espenlaub.« Claire ist achtundzwanzig, mit zwanzig hatte sie Herrn Studer geheiratet, der sie als Neunzehnjährige zu seiner Geliebten gemacht hatte, seit geraumer Zeit bereits lebt sie mit Yvan Goll zusammen, und trotzdem zittert sie – wer vernascht hier eigentlich wen? »Frau Klee sah meine Aufregung und bot mir ein kleines Tellergericht an« – Frau Klee? Doch nicht etwa die Frau von Herrn Klee? Von Paul Klee gar? – »das den Bildern ihres Mannes ähnelte: einen Löffel voll Sauerkraut mit einer Prise Kümmel bestreut, daneben zwei Speckwürfel, ein paar Wurstscheiben und ein Würzkraut« – *Engel bringt das Gewünschte* – »Diese Stärkung gab mir die nötige Kraft, ins dritte Stockwerk weiterzusteigen.«

Und dort wird weitergenascht. »Wenn ich bei Rilke dinierte, bereitete er stets eigenhändig Omeletts zu, die ihm wunderbar gelangen.«

Dennoch kehrt sie zu Yvan Goll zurück und heiratet ihn, eine gute Partie, wie sie in ihrer *Chronique* unverblümt feststellt: »Ich für meinen Teil habe nie unter meinem Los als Frau gelitten. Im Gegenteil, meine Weiblichkeit hat es mir ermöglicht, das Leben voll auszukosten. Yvan spülte das Geschirr und ging einkaufen, wenn wir nicht in der Lage waren, eine Köchin zu bezahlen.«

All das ist in einem Buch nachzulesen, das im französischen Original von 1976 *La poursuite du vent* heißt und das auf der deutschen Ausgabe den knalligen Titel *Ich* verzeihe keinem trägt, verfaßt von der 1890 geborenen, zur Zeit der Niederschrift also etwa achtzigjährigen Claire Goll, die ihre Jugend zwar genutzt hat, »Ich habe einige Männer geliebt, und sehr viel mehr haben mich geliebt, aber« – und der nun folgende Satz, der sich bereits auf der ersten Seite ihrer Memoiren findet, taucht den gesamten Rest in ein merkwürdig fahles Licht –: »aber erst mit sechsundsiebzig Jahren hatte ich meinen ersten Orgasmus.«

Und Rilke? fragt sich da der Leser, ob er will oder nicht. Und Goll? Von all den anderen Liebhabern, die Claire beim Namen nennt, dem Verleger Kurt Wolff etwa oder dem ständig um sie buhlenden Franz Werfel ganz zu schweigen?

»Goll und Rilke hatten aus mir ein Idol gemacht, dem man sich nur mit Vorsicht nahte … Weder Goll noch meine Liebhaber hatten mich für die geheimen Spiele der Liebe aufgeschlossen. Mein junger Liebhaber hat mich als Meister behandelt, und ich habe alles mit mir geschehen lassen. Er hat mich schonungslos genommen, wie man eine Frau nehmen muß, ohne auf Reinheit und Schamgefühl Rücksicht zu nehmen.«

Wer vernascht wen? Das heißt bei einem Literatin-Literat-Verhältnis auch: Wer verbrät wen? Wer stellt früher die Pfanne heiß? Wer tischt die Affäre als erster auf? Täuscht mich mein Eindruck, mittlerweile seien die Frauen flinker?

Auf jeden Fall nimmt die Verwertungsgeschwindigkeit mit abnehmendem Alter deutlich zu: Claire Goll, Jahrgang 1890, wartete 58 Jahre, bis sie ihr Rilke-Abenteuer servierte. Simone de Beauvoir, Jahrgang 1908, genügten vom Erlebnis bis zur Niederschrift drei Jahre, und Karin Struck, Jahrgang 1947, macht ihre Beziehungskiste fast ohne Verzögerung öffentlich: Kaum erlebt, schon gedruckt.

»Roman« nannte die Schriftstellerin ihr Erstlingswerk *Klassenliebe,* doch der Klappentext des 1973 in der edition suhrkamp erschienen Buches sagt unmißverständlich, wes Geistes Kind dieser »Roman« ist. »Den Inhalt des Romans Klassenliebe zu referieren, hieße, die Hoffnungen und Leiden einer ganzen Klasse nacherzählen ... In einer Art Tagebuch vom 16. Mai bis zum 25. August 1972 erzählt sie die Geschichte ihrer Herkunft, die Jugend ... die Mühe mit der Dissertation, ihre Ehe etc«, und dieses etc hat es in sich. Es umfaßt die überraschende avifaunistische Beobachtung »Vögel schreien. Schon morgens« (Seite 7) ebenso wie den nur allzu begrüßenswerten Wunsch »Schön wär's, wenn ich stumm wäre« (Seite 8) und vieles andere mehr: »Auslösendes Moment dieses ebenso rücksichtslosen wie befreienden Selbstbekenntnisses ist die Bekanntschaft mit Z., an dem sie ›sehen und sprechen‹ lernt – eine Begegnung mit einem anderen Menschen aus einer fernen Zeit und einer fremden Klasse, für die ›happy end‹ ein ganz und gar unmöglicher Abschluß wäre.«

Dabei ist dieser Z. gerade mal 12 Jahre älter, Funkredakteur und Dichter – es geht das Gerücht der Funkredakteur und Dichter Arnfried Astel habe Modell gestanden. Auch ist diese Karin keineswegs jene Pro-

letarierin, die sie gerne wäre und die Titel und Vor-
spann des Buches zu suggerieren suchen. Um beide zu
rechtfertigen, geht sie so weit, die neun Jahre Gymna-
sium als Maloche zu verbuchen: »Neun Jahre Fabrik.
Die Schule war für mich Fabrik. Die Aufseher. Die
Meister. Die Komplizen der Aufseher und Meister, das
nannte sich ›Mitschüler‹« – Und wie nannte sich dann
das Abitur? Arbeitslager? Gulag? KZ?

Aber nun studiert sie ja, hat einen Mann, ein Kind
und einen Geliebten, und das Leben könnte so schön
sein, müßte nicht aber auch alles aufgeschrieben und
gegengelesen werden: »Z. schreibt in sein Tagebuch,
das ich lesen darf, ›Das Leben rinnt mir durch die Finger‹, ein banaler, aber schrecklicher Satz ... Z. sagt,
meinen Wunsch, Schriftsteller zu werden, könne ich
›begraben‹, ich sei schon einer ...« – Gestern wußte ich
nicht, wie man Inscheniör schreibt, heute bin ich selber
einen – »Er sagt, jeder Mensch ist ein Schriftsteller ...
Meine langen Briefe beschämten ihn ... Er habe Angst
vor langen euphorischen Briefen ... Öfters schon habe
er solche langen euphorischen Briefe geschrieben, und
immer sei er von den Frauen am Schluß als ›Schwein‹
bezeichnet worden ... Ich möchte Z.s Brief an
Bobrowski lesen. Ein verfallener alternder Dichter
bittet einen jüngeren, ihn zu lieben, kurz danach stirbt
der verfallene alternde Dichter. Er sei abstoßend gewesen, der verfallene alternde Dichter, aber er habe Z.s.
Mitleid geweckt« – Literatinnen, lieber Horst, müssen
so sein: Sie stecken ihren Rüssel in alles, sie saugen
Honig aus allem; solltest Du Dich jemals mit einer ein-

lassen – »Als Z. mich streichelte, ›sprudelte es‹, dann aber, als er mit seinem Glied kam, hatte ich wieder Angst« –, dann schließ wenigstens vorher alles Schriftliche gut weg: Außerhalb des Bettes seid ihr nunmal Konkurrenten, und was eine rechte Literatin ist, die konkurriert noch mit ganz anderen Kalibern als einem Z. oder einem Streugöbel:

»30. Juli. Sonntag. In Werthers Leiden geblättert. Die früher angestrichenen Stellen nachgelesen. Wie schwach das Buch ist gegen mein Leiden« – Goethe wußte, was er tat, als er unter allen Frauen ausgerechnet Christiane Vulpius zur Geliebten erst und dann zur Ehefrau erwählte, jemanden, bei der er vollkommen sicher sein konnte, sie werde nie mit *Christianes Leiden* an die Öffentlichkeit treten, eine Lebensgefährtin, die statt über Klassenliebe zu lamentieren, wozu die gelernte Kunstblumenbinderin wahrlich Grund gehabt hätte, den Gatten in ihren Briefen mit »Lieber Geheimerat« anredete. Respekt, Respekt!

5. Meide sämtliche Literaten

»Mein Bedarf nach Verkehr mit Kollegen war eigentlich nie sehr groß. Ich habe zum Beispiel, ohne Thomas Mann zu vermissen, sechzig Jahre in der Welt gelebt«, schreibt Gerhart Hauptmann am 4.1.1925 an Samuel Fischer. Doch warum teilt er dies ausgerechnet seinem Verleger mit? Nun, im Jahr zuvor war in dessen Verlag *Der Zauberberg* veröffentlicht worden, ein Roman des

Kollegen Thomas Mann, und Gerhart Hauptmann hatte bei der Lektüre eine bestürzende Entdeckung machen müssen: »Dieses idiotische Schwein soll Ähnlichkeit mit meiner geringen Person haben« – diese aufgebrachte Randglosse findet sich in Hauptmanns *Zauberberg*-Exemplar. Mit dem »Schwein« ist die Romanfigur Mynheer Peeperkorn, gemeint, ein »Holländer, Säufer, Giftmischer, intellektuelle Ruine«, wie Hauptmann zornbebend referiert, besonders empörend aber findet er, daß Mann diesen Saufkopf bereits am Morgen zur Flasche greifen lasse … Alles Lüge?

Bei einem Urlaub in Bozen waren Mann und Hauptmann zufällig im gleichen Hotel, dem Austria abgestiegen, da streckt den älteren die Grippe nieder: »Ich war sehr gerührt, als Thomas Mann mich besuchte. Ich trinke nie Wein am Tage, aber in diesem Fall stand eine Flasche Terlaner schon am Vormittag neben meinem Bett, da sie der Arzt mir verordnet hatte. Die Verordnung ist ja bei Grippe die übliche« – während ja bei Mumps normalerweise Cognac verordnet wird, aber Schnaps beiseite: »Nun hat dieser Schriftsteller und Gentleman die Eindrücke seines Krankenbesuches sofort in seinen Roman hineingebacken und eine Scene an Peeperkorns Bett fabuliert, für die ich die Kosten zu tragen habe.«

Damit nicht genug: »Damals muß ihm beim Essen der Appetit gekommen sein. Er ist mir nach Hiddensee nachgereist, wo wir ja, wie Du weißt, im Sommer meist den ersten Stock im sogenannten ›Haus am Meer‹ innehaben.«

Dafür hat man keine Grippe mehr, und das muß gefeiert werden: »Aus einer solchen sehr angeregten Abend-Bowlen-Gesellschaft wird dann eine unmotivierte, sinnlose Orgie Peeperkorns mit den mediocren Gästen eines Davoser Sanatoriums.«

Ein Skandal bahnt sich an, und am 11.4.1925 versucht Thomas Mann zu retten, was zu retten ist. »Lieber, großer, verehrter Gerhart Hauptmann«, beginnt er. Er habe längst schreiben wollen, jedoch nicht den Mut dazu besessen, behauptet er und tritt sodann keck die Flucht nach vorn an: »Ich habe mich an Ihnen versündigt. Ich war in Not, wurde in Versuchung geführt und gab ihr nach. Die Not war künstlerisch: Ich trachtete nach einer Figur, die notwendig und kompositionell längst vorgesehen war, die ich aber nicht sah, nicht hörte, nicht besaß. Unruhig, besorgt und ratlos auf der Suche kam ich nach Bozen – und dort, beim Weine, bot sich mir an, unwissentlich, was ich menschlich und persönlich gesehen, nie und nimmer hätte annehmen dürfen, das ich aber, in einem Zustand herabgesetzter menschlicher Zurechnungsfähigkeit, annahm ...« Alles sei nur ein Streich gewesen – »Glauben Sie mir, ich habe vom Künstlerkinde viel mehr in mir, als diejenigen ahnen, die von meinem ›Intellektualismus‹ schwatzen« –, und ob Hauptmann denn vergessen habe, was der Lausbub bereits Rühmendes über den angeblich Geschmähten gesagt habe, daß er ihn gar »den König des Volkes« nannte?

Worauf Hauptmann in einem Telegramm großmütig einlenkt – »Fern allem Groll begrüße ich Sie in alter

Herzlichkeit« –, und doch hat der Thomas-Mann-Biograph Hans Wysling gute Gründe, diesem Frieden nicht zu trauen: »Ganz verwunden hat er den Peeperkorn nie.«

Wie auch? Kränkung ist bitter, bitterer aber ist es, wenn sich der Kränkung noch der Undank gesellt: Und diese Schlange habe ich in Stockholm brieflich für den Nobel-Preis empfohlen!

Oder hatte sich da ein Gewissenswurm gerührt und den Gekränkten zum Einlenken bewogen? Ein 35 Jahre altes Tierchen, das, wie das gleichnamige Drama Gerhart Hauptmanns aus dem Jahre 1890, auf den unverfänglichen Namen *Friedensfest* hörte?

Wolfgang Leppmann, den Du, lieber Horst, bereits als Rilkes Biograph kennengelernt hast, hat auch Hauptmanns Leben nacherzählt. Vom zweiten Drama seines Helden berichtet er: »Das Stück beruht im wesentlichen auf den gelegentlichen Bemerkungen, die Frank Wedekind im Zürcher Freundeskreis und bei einem späteren Besuch in Berlin über seine Familienverhältnisse hatte fallenlassen ... vom streitbaren Vater über die symbolschwere Ohrfeige bis zur Tätigkeit des einen Sohnes als Reklamechef.« Als Reklamechef für Maggi aber hatte der zwei Jahre jüngere Wedekind gearbeitet, bevor er Hauptmann in Zürich kennengelernt und ihn arglos in die Abgründe seiner Familiengeschichte und in sein Gesicht hatte blicken lassen: »Das Äußere dieses Sohnes wiederum ‹mittelgroß, schmächtig, im Gesicht hager und blaß ... Schnurr- und Kinnbart› ähnelt auffallend dem des etwa

dreißigjährigen Wedekind. Dieser rächt sich an Hauptmann, indem er in seiner Komödie *Die junge Welt* den
Dichter Franz Ludwig Meier auftreten läßt, ... der mit
dem Notizblock in der Hand seinen vertrauensseligen
Freunden lauscht und ihre Mitteilungen ›Wort für
Wort, stenographisch gewissermaßen, seinem Theater-
publikum als realistische Delikatesse vorsetzt‹.« Ein
weiterer, schöner Beleg dafür, wie Kunst Kunst zeugt
– schade nur, daß Gerhart Hauptmann uns keinen in
Kunst überführten Thomas Mann vorgesetzt hat, jam-
merschade.

»... ich lief und lief und dachte, ich werde sofort über
dieses sogenannte *künstlerische Abendessen* in der Gentzgasse schreiben, egal was, nur *gleich* und *sofort* über dieses *künstlerische Abendessen* in der Gentzgasse schreiben,
sofort, dachte ich, gleich immer wieder, durch die Innere
Stadt laufend, *gleich* und *sofort* und *gleich* und *gleich,* bevor
es zu spät ist.«

So endet *Holzfällen. Eine Erregung.* Wer da so erregt
läuft und denkt, ist Thomas Bernhard, und der läßt seinen Gedanken Worte folgen: 1984 erscheint im Suhrkamp Verlag seine Schilderung des sogenannten künstlerischen Abendessens in der Gentzgasse und sorgt
sogleich für Erregung bei allen Betroffenen.

Zuerst im Ohrensessel sitzend, dann beim nächt-
lichen künstlerischen Abendessen vergleicht der Erzähler in Gedanken die besonnten vergangenen Tage –
»Ich habe keinen Groschen in der Tasche gehabt und
habe mir doch alles leisten können« – mit dem, was er
jetzt vor sich hat: »Die zwei weiblichen Mißgestalten

der österreichischen Literatur ... Meine beiden großen, von mir mehr oder weniger angehimmelten Dichterinnen der frühen Fünfzigerjahre ... die Marianne Moore und die Gertrude Stein und die Virginia Woolf von Wien sitzen da, dachte ich, und sind nichts als kleine, gefinkelte, ehrgeizige Staatspfründnerinnen, die die Literatur überhaupt verraten haben für ein paar lächerliche Preise und eine zugesicherte Rente.«

Anna Schreker und Jeannie Billroth hat Bernhard die Dichterinnen getauft, »und ich beobachtete die beiden als die tatsächlich geistig-verkommenen *Charaktergeschwister*. Die Schreker wie die Billroth, wie der Lebensgefährte der Schreker verkörpern heute diese Art von epigonaler scheinintellektueller Geschwätzigkeitsliteratur, die mir immer verhaßt gewesen ist.«

»Daß ich die Jeannie Billroth einmal geliebt habe«, denkt er, »und jetzt schon länger als zwanzig Jahre hasse«, diese »feist und fett und häßlich gewordene Schriftstellerin«; doch solcher Haß ist vergleichsweise milde neben dem, was der Erzähler für das Gastgeberehepaar empfindet: »Die Eheleute Auersberger haben deine Existenz, ja dein Leben zerstört, sie haben dich in diesen entsetzlichen Geistes- und Körperzustand Anfang der fünfziger Jahre hineingetrieben ... Damals war ich zweiundzwanzig Jahre alt und in alles, das Maria Zaal und Gentzgasse gewesen ist, verliebt und schrieb Gedichte« – jetzt aber ist er zweiundfünfzig und schreibt Verwünschungen nieder:

»Und wie der ununterbrochen betrunkene Auersberger auf seine Weise ein lächerlicher Mensch ist und wahrscheinlich immer gewesen ist, dachte ich auf meinem Ohrensessel, ist auch seine Frau ein lächerlicher Mensch, und immer ein lächerlicher Mensch gewesen.«

So redet sich Bernhard in eine 320 Seiten lange Erregung, kein Künstlerkind, ein Racheengel, der nicht müde wird, die Teufeleien seiner Gastgeber und die Sünden der anwesenden Gäste anzuprangern: »... haben dich in diesen zwanzig Jahren überall, wo es ihnen nur möglich gewesen ist, ausgerichtet, heruntergemacht ... Rufmord begangen ... Lügen verbreitet ... All diese Leute waren ja einmal tatsächlich Künstler oder wenigstens Kunsttalente, dachte ich jetzt auf dem Ohrensessel, jetzt sind sie alle nur mehr noch ein einziges Kunstgesindel ... mehr oder weniger hoch dekorierte Provinzkünstler ... lebende Kunstleichname, gescheiterte Kunstnieten ... Künstlerattrappen ... Der kleine dickbauchige Auersberger ... zweimal im Jahr in die Entziehungsanstalt Kalksburg, dachte ich, anscheinend genügt das, um ihn am Leben zu erhalten ... *künstlerische Abendessen* ... widerliche Abendessen ... Eheschmutz ... Eheexplosion ... Ehe-Gestank ... Ehehölle ... *perfide Gesellschaftsonanisten* ... Der Auersberger hat immer junge Schriftsteller um sich und in seinem Bett gehabt ... *Der Auersberger, der geile Schriftstellerverschlinger* ... Denn ich haßte die Auersberger in Wahrheit nach diesem *künstlerischen Abendessen* genauso, wie ich sie vorher schon gehaßt habe ... mit diesem *Auersbergerhaß,* mit dem ich die Auersbergischen schon seit zwanzig Jahren hasse« – ist das der Dank für Speis und Trank, für echten Plattenseefogosch und Champagner?

Ganz zu schweigen von weiter zurückliegenden Wohltaten, die der erinnerungsselige Hasser vollständig unter den Ohrensessel fallen läßt und die sein Biograph Hans Höller wie folgt referiert: »Thomas Bernhard besaß von Beginn an die geniale Fähigkeit, an die Leute zu gelangen, die ihn fördern konnten ... Weil Genies aber gerne von niemandem abhängen ..., hat er sich auch darin als Genie erwiesen, daß er nur den wenigsten seiner Förderer später verbunden blieb, wenn er sie nicht überhaupt herunterspielte oder gar heruntermachte. Das spektakulärste Beispiel für diese Facette seiner Genialität ist die Rache an Gerhard Lampersberg, seinem ›einzigen und wirklichen Freund‹, dem er ›im richtigen Moment‹ begegnet sei, wie Bernhard 1958 in der Widmung von ›In hora mortis‹ feststellte, und den er als Auersberger in ›Holzfällen‹ am tiefsten stürzen ließ.«

»Am 21. August erscheint Thomas Bernhards ›Holzfällen. Eine Erregung‹«, berichtet die glücklich beim Jahr 1984 angelangte *Suhrkamp Verlagsgeschichte,* und vermerkt: »Herr Gerhard Lampersberg glaubte, sich in der Figur des Herrn Auersperger im Roman erkannt zu haben und erreichte eine Einstweilige Verfügung gegen die Auslieferung und für die Beschlagnahme des Buches in Österreich, was dann innerhalb von wenigen Stunden vollzogen wurde. Die Richterin des Landgerichts Wien übersah offensichtlich, daß es auch in der österreichischen Verfassung den Paragraphen der Kunstfreiheit gibt; in ihrem Urteil waren die 18 inkriminierten Stellen samt und sonders unkorrekt wiedergegeben« – ein Schicksal, das der Schriftsatz mit der

Verlagsgeschichte teilt, da auch die nicht dazu in der Lage ist, korrekt zu zitieren: Thomas Bernhards Held heißt »Auers*b*erger« und nicht »Auers*p*erger«.

Auch glaubte nicht nur der Herr Lampersberg, sich in dieser Figur erkannt zu haben. Der Glaube, der Komponist Auersberger, Besitzer eines Landsitzes im kärntnerischen Maria Zaal, sei mit dem Komponisten Lampersberg, Besitzer eines »Tonhof« genannten Landsitzes im kärntnerischen Maria Saal, identisch, ist bis heute in Wiener Literatenkreisen weit verbreitet. »Ich habe ziemlich scharf geantwortet damals bei ›Holzfällen‹«, erinnert sich H. C. Artmann. »Die Hand, die einen gefüttert hat, beißt man nicht! Der Kurt Kalb von Oswald & Kalb hat gesagt ›Laßt's den Lamperl in Ruh!‹ Alle stehen hinter dem Lampersberg, jeder« – aber erst einmal war es am Lamperl, Ruhe zu geben: Ein Jahr nach Erscheinen der *Erregung* nahm er von seiner Klage Abstand. Hatten ihn jene Zeilen Bernhards milde gestimmt, die als Selbstanklagen gelesen werden können?

»Wir treffen auf einen Menschen im richtigen Zeitpunkt und nehmen alles für uns Wichtige von diesem Menschen auf, dachte ich und verlassen diesen Menschen wieder zum richtigen Zeitpunkt, dachte ich. Ich bin genau im richtigen Zeitpunkt mit Jeannie Billroth zusammengetroffen und habe sie zu demselben richtigen Zeitpunkt wieder verlassen, dachte ich … Wir saugen aus einem solchen Menschen jahrelang alles heraus und sagen aufeinmal, er, dieser Mensch, den wir beinahe zur Gänze ausgesaugt haben, sauge uns aus … Und wie ich mich von der Jeannie getrennt hatte, bin ich sozusagen *mit fliegenden Fahnen zu den Auersbergischen übergelaufen«* – waren es diese Zeilen, die den Lampersberg weich werden ließen?

Nicht nur er hätte gute Gründe gehabt, hart zu bleiben. Denn immer dann, wenn es wirklich hart auf hart geht, zeigt Bernhards anklagender Zeigefinger ausschließlich auf die anderen. »Wie hat die Schreker immer gegen den sogenannten *Kunstsenat* gewettert, ja gegeifert und hat sich doch vor einem Jahr von demselben *Kunstsenat* mit dem *Großen Österreichischen Staatspreis für Literatur* beglücken lassen« – der da der Friedrike Mayröcker den 1982 entgegengenommenen Preis vorhält, verschweigt, daß er selber neben so gut wie allen wichtigen deutschen und österreichischen Literaturpreisen – Julius-Campe-Preis, Georg-Büchner-Preis, Anton-Wildgans-Preis, Grillparzer-Preis – im Jahre 1968 auch den »Österreichischen Staatspreis« einstecken konnte.

Der da den Auersbergers ihre Antiquitäten um die Ohren haut – »Ausdruck eines ganz und gar üblen Schwächezustandes ist es im Grunde immer, wenn sich Leute mit Möbeln einrichten aus den vergangenen Zeiten ... Das ist das Widerliche an den Auersbergischen ... nicht sie selbst haben sie sprechen lassen in ihren Behausungen, sondern ihre Möbel und anderen Kunstgegenstände und ihr Geld« –, dieser Protzverächter pflegte einen Lebensstil, der seinen ansonsten angenehm unpathetischen Biographen Höller geradezu weihevoll werden läßt: »Betritt man heute Bernhards Hof in Obernathal bei Ohlsdorf, fühlt man sich an

Goethes Haus am Frauenplan in Weimar erinnert. Lange Zimmerfluchten, die Interieurs überlegt gestaltet … Der Antiquitätenliebhaber Bernhard zeigt sich durch die vielen alten Schränke …« Alles in allem ein Ambiente, für das auch Thomas Bernhards Gast Gerhard Lampersberg in einem 1991 geführten Gespräch lobende Worte findet – »Mir gefällt Ohlsdorf sehr gut, dieses Abstrakte« –, ohne daß er deswegen gleich ans Goethehaus denken muß: »Ohlsdorf ist ja eine Kopie vom ›Tonhof‹ … Er hat ja die Öfen machen lassen, die wir im Original haben. Jeder, der Ohlsdorf kennt und den ›Tonhof‹ kennt, lacht ein bissel.«

Und der da nicht müde wird, die »absolut niederträchtigen Staatspfründnerexistenzen« der Dichterinnen Friederike Mayröcker und Jeannie Ebner zu geißeln – »Denn als zwei raffinierte Staatspfründnerinnen muß ich die beiden doch bezeichnen, die in den letzten Jahrzehnten keine Gelegenheit ausgelassen haben, um sich dem von ihnen zuerst so viele Jahre geschmähten Staat und seiner perversen Gebefreudigkeit opportunistisch geschmeidig zu machen und die überall dort und an allen Ecken und Enden in diesen fünfzehn Jahren zu sehen gewesen sind, *wo etwas zu holen ist«* –, dieser Inquisitor also vergißt wohlweislich zu erwähnen, wie er Ohlsdorf finanziert hat, das erste von drei Bauernhäusern, die Bernhard im Laufe der Zeit gekauft hat. Maria Fialik, die Gesprächspartnerin von H.C. Artmann und Lampersberg, Verfasserin des Buches *Der Charismatiker, Thomas Bernhard und die Freunde von einst,* erinnert sich dafür um so genauer: »Der Hof hat 200 000 Schilling gekostet. Finanziert hat er das ganze mit dem Bremer-Literatur-Preis und mit einem Vorschuß von Siegfried Unseld. Und mit Unterstützung der ›Tante‹. Zusätzlich hat er noch vom Unterrichtsministerium ein zinsloses Darlehen in Höhe von 30 000 Schilling für die Renovierung bekommen, das hat er dann 1976 zurückgezahlt« – nicht ohne zwischendurch auch in diese Hand gebissen zu haben: »1968. Bernhard erhält den sogenannten Kleinen Österreichischen Staatspreis. Seine Dankesrede wird zu einem der vielen Eklats, die sein Werk und seine Auftritte bis zuletzt begleiten«, heißt es in der von Hans Höller zusammengestellten »Zeittafel«.

Wie, lieber Horst, nennt man das alles? Richtiger: Wie würdest Du als angehender Literat und Mann des Wortes ein solches Verhalten bezeichnen? Als doppelzüngig? Ja … Als tückisch? Na ja … Als verwerflich? O nein! Schriftsteller, die ihr Gegenüber daraufhin mustern, wo der Biß anzusetzen sei, sind so unschuldig wie Schlangen. Tadelnswert sind nicht sie, sondern jene Naiven, die solche Wesen gefahrlos an ihrem Busen hegen zu können meinen. Vor die Frage gestellt: Schlange oder Opfer sein? wird sich der wahre Künstler selbstredend als Schlange entpuppen, was bei einem Vollblutdichter wie Goethe selbstreimend ein Gedicht zur Folge hatte:

Eben drum, geliebter Knabe,
Bleibe jung und bleibe klug;

läßt er den Hatem im *West-östlichen Divan* sagen

Dichten ist zwar Himmelsgabe,
Doch im Erdeleben Trug.

Erst sich im Geheimnis wiegen,
Dann verplaudern früh und spat!
Dichter ist umsonst verschwiegen,
Dichten selbst ist schon Verrat.

Eine gute Geschichte wiegt halt schwerer als eine schlichte Bekanntschaft. Auch rechnet sie sich besser als weitere Einladungen zu weiteren künstlerischen Abendessen: Getragen vom Sturm der Entrüstung gelangte *Holzfällen* als erstes Buch Thomas Bernhards bis hoch in die Bestsellerlisten. »Wenn ich nicht schreiben tät, so wär' aus mir ein Verbrecher geworden, vielleicht sogar ein Mörder«, hat der junge Bernhard seiner damaligen Vertrauten Jeannie Ebner anvertraut – so gesehen können all die in *Holzfällen* beschriebenen Freunde von einst froh darüber sein, daß sie so glimpflich davongekommen sind.

Wo aber, höre ich Dich, lieber Horst, erneut fragen, bleibt das Positive? Die gleichaltrigen Kollegen soll ich nicht sehen, auf die älteren soll ich nicht hören, den Rest soll ich meiden – wo denn finde ich Gleichgesinnte, von denen ich lernen, wo Hochgesinnte, für die ich schwärmen kann?

Unter den Toten, Horst, ausschließlich unter den Toten. Nur ein toter Kollege ist ein guter Kollege: Er beißt nicht, schmutzt nicht, stiehlt keine Show, blockiert keine Bestsellerplätze und okkupiert keine Bestenlisten, er schreit nicht auf, wenn man von ihm nimmt, und stöhnt nicht auf, wenn man ihm mal Saures gibt – lang lebe der tote Kollege!

Es gibt denn auch keinen Künstler, der nicht so dächte. Frage irgendeinen von ihnen, in welcher Stadt auch immer, nach dort arbeitenden ernstzunehmenden Kollegen – er wird nach gespieltem Nachdenken schließlich bedauernd die Achseln zucken. Ob denn das Land welche aufzuweisen habe? Hm ... Der Kontinent? Tja ... Der Erdball? Da schließlich mag zögernd der eine oder andere Name genannt werden, meist von Kollegen, die der Antwortende in beruhigender Ferne weiß, räumlich, sozial, biologisch, und in der Regel auf einem Gebiet tätig, das der Befragte bisher weder jemals beackert hat noch je zu kultivieren gedenkt.

Wie anders die Nennungen auf den einprasseln, der die Künstler nach geschätzten, gar geliebten toten Kollegen befragt!

»Und ich dachte, daß es besser gewesen wäre, an diesem Abend und meinetwegen auch noch die ganze Nacht Pascal oder Gogol oder Dostojewski oder Tschechow zu lesen, als auf dieses abstoßende *künstlerische Abendessen* in der Gentzgasse zu gehen« – danke, Herr Bernhard!

Wie sich die Befragten mit den Genannten geradezu verbrüdern!

»Und ich dachte wieder, daß es viel besser gewesen wäre, meinen Gogol und meinen Pascal und meinen Montaigne zu lesen« – danke, Herr Bernhard, schönen Dank!

Wie offen sie zugeben, auf den Spuren bedeutender Vorgänger und Vorbilder gewandelt zu sein, geistig wie leiblich!

»Dreißig Jahre ist es her, daß ich ohne weiteres fünfzehn Kilometer in der Nacht nach Hause gegangen bin, dachte ich auf dem Ohrensessel, *singend, in meiner damaligen Mozart- und Verdibegeisterung dem Rausch freien Lauf lassend«* – danke, Herr Bernhard, danke, danke. Aber haben Sie bitte Verständnis dafür, daß Sie nicht der einzige Künstler sind, der uns in diesem Zusammenhang interessiert: Als beispielsweise Rilke 1929 in Sils Baselgia Station machte, zog es ihn, wie sein Biograph Leppmann berichtet, zum »Nietzsche-Stein auf der Insel Chasté«. Und als ich 1994 liebe Freunde in Triest besuchte, da führten die mich und meine Begleiterin naturgemäß zum »Rilke-Weg«, der die Örtchen Duino und Sistiana längs der karstigen Steilküste verbindet. Im Schloß Duino hatte Rilke 1911 als Gast geweilt, eingeladen von der Fürstin Marie von Thurn und Taxis-Hohenlohe; auf dem schmalen Pfad zwischen Himmel und Meer hatte der Dichter im Brausen der winterlichen Bora eine Stimme zu hören vermeint:

»Wer, wenn ich schriee, hörte mich denn aus der Engel Ordnungen?«

»Was ist das?« soll er halblaut geflüstert haben. »Was ist es, was kommt?«

Die Fürstin Marie Taxis, der wir diese Zeilen, gegründet auf Rilkes eigenen Bericht, verdanken, weiß die Antwort: »Er nahm sein Notizbuch, das er stets mit sich führte, und schrieb diese Worte nieder und gleich dazu noch einige Worte, die sich ohne sein Dazutun formten. Wer kam? ... Er wußte es jetzt: der Gott ...«

Selbstredend waren alle Mitglieder unserer *italienisch-deutschen Vierergruppe* mit Exemplaren von Rilkes *Duineser Elegien* bestückt, der Frucht jener winterlichen Eingebung, die da vor achtzig Jahren den Dichter heimgesucht hatte; selbstverständlich war auch, daß das Zitieren aus den teils italienischen, teils deutschen, teils zweisprachigen Büchern kein Ende nehmen wollte, als wir, den Schildern des *Rilke-Weges* folgend, ins gleißende Septemberlicht traten, vor uns nur Himmel und Meer und das Dichterwort, das sich beidem verdankte:

»Wer, wenn ich schriee, hörte mich denn aus der Engel Ordnungen?« begann der deutsche Freund.

»... und gesetzt selbst, es nähme einer mich plötzlich ans Herz: ich verginge von seinem stärkeren Dasein«, fuhr meine Begleiterin fort.

»Mi farebbe morire«, fiel unsere Gastgeberin ein, »Perché il bello non è che il tremendo al suo inizio – «

»Den wir noch gerade ertragen«, deklamierte meine Begleiterin, »und wir bewundern es so, weil es gelassen verschmäht – «

» – distruggerci. Degli angeli ciascuno è tremendo. Ein jeder Engel ist schrecklich«, setzte unsere Gastgeberin auf deutsch hinzu, worauf der Freund und meine Begleiterin wiederum Rilkes Worte aufgriffen und weiterführten, bis die Reihe erneut an der Gastgeberin war und ihr perlendes Italienisch durch die würzige Luft klang:

»Ci resta la strada di ieri e la fedeltà viziata di un'abitudine ...«

Ich aber ging schweigend und versuchte jene Frage aus meinem Kopf zu verscheuchen, die sich mir bereits angesichts des Hinweisschildes *Rilke-Weg* aufgedrängt hatte: Ob dermaleinst ein Stückchen Natur auch an mein Erdenwallen erinnern und Spätergeborene zum Gedenken, zur Nachfolge gar bewegen werde? Würde es wenigstens zu einer Gernhardt-Quelle reichen? Zu einer Gernhardt-Linde?

Ich hielt schweigend Schritt in der *italienisch-deutschen Vierergruppe,* doch immer ferner schienen mir die Stimmen der Rilke-Zitierer, immer deutlicher meldete sich in meinem Kopf die Stimme der Spinne Erinnerung, immer herrischer bestand sie darauf, daß ich ihr zuhörte, ihr und nur ihr:

Daß ich nicht zum erstenmal dem Weg eines Dichters folgte, dachte ich, daß es doch bemerkenswert war, daß ich mich bei dieser Art Dichter-Nachfolge stets in Gesellschaft befunden hatte. Daß ich hier, im Jahre 1994 und in dieser *italienisch-deutschen Vierergruppe,* Rilke hinterherging, und daß ich 27 Jahre zuvor in einer *vollkommenen deutschen Dreiergruppe* gewandert war, die nicht einem einsamen deutschen Dichter gefolgt war, sondern einer ebenfalls vollkommen deutschen Dreiergruppe, die die gleiche Strecke, das zumindest glaubten wir zu wissen, bereits im Jahre 1927 zurückgelegt hatte.

Daß wir uns auf Tucholskys Spuren gewähnt hatten, dachte ich, während ich mit meiner *italienisch-deutschen Vierergruppe* dem *Rilke-Weg* von Duino nach Sistiana folgte, und daß das nun fast dreißig Jahre her war, daß wir drei, F. K. Waechter, F. W. Bernstein und ich, die vermeintliche Route jener drei Männer nachzuvollziehen geglaubt hatten, die weitere vierzig Jahre zuvor durch den Spessart gewandert waren, neben Tucholsky noch seine Freunde Jakopp und Karlchen. Daß deren Wanderung nun schon fast siebzig Jahre zurücklag, dachte ich auf meinem *Rilke-Weg,* und daß ich das alles nur deswegen wußte, weil Tucholsky in den späten Zwanzigern die Wanderung sowie die mitwandernden Freunde Jakopp und Karlchen im Reisebericht *Das Wirtshaus im Spessart* beschrieben hatte, und ich dachte, daß es weitere zwanzig Jahre und mehr gedauert hatte, bis mir dieser Bericht Mitte der Fünfziger in die Hände gefallen war, entweder in dem Taschenbuch *rorotucholsky* oder in *Panter Tiger und Co,* und dann, dachte ich, waren noch mal mehr als zehn Jahre nötig gewesen, damit Waechter, Bernstein und ich endlich das taten, was Jakopp, Karlchen und Tucholsky vierzig Jahre zuvor bereits hinter sich gebracht hatten: »Die seit einem Jahr angesagte, organisierte, verabredete, immer wieder aufgeschobene und endlich zustandegekommene Fußtour beginnt. Du großer Gott …«

Den italienischen *Rilke-Weg* entlangwandernd, dachte ich, daß wir uns 27 Jahre zuvor auf dem deutschen *Tucholsky-Weg* gewähnt hatten, und ich versuchte mich zu erinnern, wer den kapitalen Fehler zu verantworten hatte, der unsere sogenannte *Tucholsky-Nachfolge* zu einem *Tucholsky-Nachfolge-Totalfiasko* werden ließ und uns, die damaligen Freunde F. K. Waechter, F. W.

Bernstein und mich, am Ende der vorgeblich auf Tucholskys Spuren zurückgelegten Wanderung als das dastehen ließ, was sich schon unheilvoll im Namen des auf den Wanderkarten als *Eselsweg* bezeichneten Wanderpfades angekündigt hatte. Hier und heute, dachte ich in meiner *italienisch-deutschen Vierergruppe,* war es absolut unzweifelhaft, daß wir auf Rilkes Spur wanderten, doch damals bei der sogenannten *Tucholsky-Nachfolge-Wanderung* war ich in meiner Treuherzigkeit und Unwissenheit vollkommen den Irreführungsplänen der selbsternannten *Auf-den-Spuren-von-Tucholsky-durch-den-Spessart-Wanderleitung* ausgeliefert gewesen, die selbstsicher darauf bestanden hatte, der von Miltenberg nach Bad Orb führende sogenannte *Eselsweg* sei eigentlich ein *Tucholsky-Weg,* da er der Route der damaligen Dreierwandergruppe auf das gewissenhafteste folge und selbstverständlich auch durch Mespelbrunn führe, jenen Ort, den Tucholsky als die *Perle des Spessarts* bezeichnet und dadurch vor allen anderen Orten geadelt hatte, daß er ihn zusammen mit Jakopp und Karlchen zum Übernachtungs- und Steinweinverköstigungsort gewählt habe. Daß es unter solchen Voraussetzungen eine Selbstverständlichkeit für uns, die rein deutsche *Tucholsky-Nachfolgegruppe,* gewesen war, nicht nur ebenfalls in Mespelbrunn Quartier zu nehmen, dachte ich auf meinem *Rilke-Weg,* sondern auch einen Zug durch die mit mehreren Gaststätten gesegnete Gemeinde zu starten, damit wir ganz sicher sein konnten, daß unser *Tucholsky-Gedächtnis-Steinwein-Trinken* wenigstens partiell in einer jener Gaststuben stattfand, in welcher vierzig Jahre zuvor bereits Tucholsky mit Jakopp und Karlchen sich wegen der Frage in die Haare bekommen hatte, welcher der von ihnen verkösigten Weine das so rare wie beglückende Phänomen des *Nachmöpselns* aufweise. Heute gelten der Waechter und der Bernstein als phänomenale Wegbereiterfiguren, dachte ich in meiner *italienisch-deutschen Vierergruppe,* heute gehört Waechter zu den meistgespielten Autoren des deutschen *Kinder- und Jugendtheaters,* und heute ist Bernstein der einzige deutsche »Professor für Bildgeschichte und Cartoon«, aber damals, dachte ich, waren diese heutigen Jugendführer selbsternannte Wanderleiter, die mir antaten, was sie heute der ganzen deutschen Jugend antun, weil sie nie etwas anderes gelernt haben, als andere in angemaßter Wanderleitungsusurpation durch falsche Zielvorgaben ins Verderben zu führen. Damals glaubten wir einen gemeinsamen Weg zu gehen, dachte ich auf meinem italienischen *Rilke-Weg,* und, daß wir einen guten Grund für diesen Glauben hatten, da eben erst unser gemeinsam geschriebenes und gezeichnetes Buch *Die Wahrheit über Arnold Hau* in der Frankfurter ›pardon‹-Bibliothek herausgekommen war. Damals waren mir Waechter und Bernstein noch als geniale Lebensführungs- und Kunstbegleitungs-Figuren erschienen, dachte ich, und heute weiß ich, daß sie nichts weiter waren als ganz normale Irreführungsgestalten, denen ich niemals auf die sogenannte *Tucholsky-Nachfolge-Wanderung* hätte folgen dürfen. Denn als ich nach dreitägiger Wanderung heimkehrte und noch einmal in meinem Tucholsky nachlesen wollte, was alles ihm im

Jahre 1927 auf seiner *Dreier-Spessart-Wanderung* zugestoßen war, da mußte ich nicht lange suchen, um auf jene Zeile zu stoßen, die unsere ganze sogenannte *Tucholsky-Nachfolge-Wanderung* zum vollständigen *Tucholsky-Nachfolge-Fiasko* degradierte: »Miltenberg, Mespelbrunn und Heiligenbrücken: vergessen.« War es Waechter gewesen, der in seinem *Tucholskykennertumwahn* auf einer Übernachtung in Mespelbrunn bestanden hatte, dachte ich in meiner *italienisch-deutschen Vierergruppe,* oder war diese denkbar geistfernste *Tucholskyverkennungsentscheidung* von Bernstein ausgegangen? Auf jeden Fall war unser in Mespelbrunn veranstaltetes sogenanntes *Tucholsky-Gedächtnis-Steinwein-Trinken* nicht ohne Folgen geblieben, dachte ich, da Bernstein – oder war es Waechter gewesen – in jedem Lokal auf mehreren Verköstigungen bestanden hatte, da nur so, sagte Waechter – oder hatte es Bernstein gesagt –, gewährleistet würde, daß wir auch wirklich eine der bereits von Tucholsky, Jakopp und Karlchen verköstigte Weinsorte kennenlernten und mit ihr das Phänomen des *Nachmöpselns.* Dieses *Nachmöpseln* aber, dachte ich auf meinem *Rilke-Weg,* hatte Bernstein – oder war es Waechter gewesen – bei den meisten, eigentlich bei allen verköstigten Weinen *schmerzlich,* sagte er, *schmerzlich* vermissen müssen, bis ihm – oder war es Bernstein – die Erleuchtung gekommen war, daß offene Weine ja gar nicht *nachmöpseln* könnten, weil dieses Phänomen bisher, und das nicht zuletzt von Tucholsky, bei aus Bocksbeuteln ausgeschenkten Weinen beobachtet worden sei. Worauf, dachte ich, auf

Veranlassung von Waechter – oder Bernstein – diverse Bocksbeutelflaschen aufgefahren worden waren, bis sich endlich beide, Bernstein und Waechter, darauf geeinigt hatten, daß dieser Wein hier entschieden *nachmöpsele,* was beide, dachte ich, zum Anlaß nahmen, zur Feier des Tages sogleich einen weiteren Bocksbeutel des betreffenden Weines zu ordern, um daraus feierlich den *Kurt-Tucholsky-Nachmöpsel-Gedächtnisschluck* zu trinken, ein Hundsfott, wer sich da ausschließe. Dabei hatte ja meine Tucholsky-Überprüfung nach vollendeter sogenannter *Tucholsky-Nachfolge-Wanderung* ergeben, daß es gar nicht Mespelbrunn gewesen war, wo die damalige Dreiergruppe derart dem Steinwein zugesprochen und Tucholsky am Tag darauf die Worte »Wir hätten nicht soviel Steinwein trinken sollen« notiert hatte, sondern Lichtenau, dachte ich auf meinem italienischen *Rilke-Weg,* und, daß er nicht Mespelbrunn als *Die Perle des Spessarts* bezeichnet hatte, sondern Lichtenau. Durch Lichtenau aber, dachte ich, waren wir mit dickem Kopf zur Mittagszeit gestolpert, am Tage nach unserem Mespelbrunner *Pseudo-Tucholsky-Steinweintrinken,* und ich hatte mich nicht einmal in dem ansprechenden Weiler umschauen dürfen, weil die selbsternannte Wanderleitung darauf drängte, vor Einbruch der Dunkelheit noch Schöllkrippen zu erreichen, angeblich immer noch auf den Spuren Tucholskys. Dabei hatte Tucholsky Schöllkrippen in seinem Reisebericht mit keinem Wort erwähnt, dachte ich in meiner *italienisch-deutschen Vierergruppe,* dafür aber Lichtenau: »Lichtenau; Sonnabend. Die Perle des Spessarts.« Dort, dachte ich, hätten wir in vollkommenster Sicherheit unseren Steinwein genau da trinken können, wo ihn bereits Tucholsky, Jakopp und Karlchen zu sich genommen hatten, da es in diesem Weiler bis auf den heutigen Tag lediglich ein Gasthaus gibt. Anstatt mich mit dickem Kopf von einer selbsternannten Wanderleitung ins vollkommen tucholskyfremde Schöllkrippen treiben zu lassen, dachte ich, hätte ich mir lieber einen Schluck gegen den Nachdurst in Tucholskys Spessart-Perle Lichtenau genehmigen sollen. Die ganze gänzlich tucholskyferne Herumtrinkerei in Mespelbrunn hätten wir uns ebenso sparen können, dachte ich auf meinem italienischen *Rilke-Weg,* wie die ständig von Waechter – oder war es Bernstein – aufgeworfene geistverderbende und in der Konsequenz körperzerstörende Frage, ob der Wein denn auch wirklich *nachmöpsele.* Schon oberflächlichste Tucholsky-Lektüre hätte ergeben, dachte ich, daß das *Nachmöpseln* nichts über die Qualität eines Weines aussagt, sondern von seiner Verderbtheit zeugt. Daß es, dachte ich, damals vor gut siebzig Jahren in Lichtenau ursprünglich um die Frage gegangen war, ob einer der servierten Steinweine nach Korken schmecke, und daß daraufhin ein Gast zwischen den Streithähnen Tucholsky, Jakopp und Karlchen einerseits und dem Wirt andererseits mit den folgenden Worten zu vermitteln versucht hatte: »Meine Herren, der Wein schmeckt nicht nach dem Korken! Wenn er nach dem Korken schmeckt, dann möpselt es nach –!« Daß weder Tucholsky noch Jakopp noch Karlchen gewußt hatten, was *nachmöpseln* bedeute, dachte ich in meiner *italienisch-*

deutschen Vierergruppe, und daß das Wort vermutlich aus diesem Grunde sofort derart in ihrer aller Sprachschatz übergegangen war, daß Tucholsky bereits am nächsten Tag notieren konnte: »Lichtenau; Sonntag. Bei uns dreien möpselt es heute heftig nach.« Lichtenau, dachte ich auf dem italienischen *Rilke-Weg,* und nicht Miltenberg oder Mespelbrunn oder Schöllkrippen oder irgendein anderer Ort längs des *tucholskyfeindlichen Eselsweges,* den diese *lebensverneinende Irrwanderleitung* mich samt meinem dicken Kopf entlangtreiben zu müssen geglaubt hatte. Daß mir erst bei der nachträglichen Tucholsky-Lektüre deutlich geworden war, daß all dem ein Plan zugrundelag, dachte ich, und, daß meine damaligen Scheinfreunde Waechter und Bernstein, diese Provinzwanderführer und Tucholsky-Spurenleser-Nieten von damals und Staatstheaterschmarotzer und Staatspfründner von heute, mich im Spessart durch die sogenannte *Tucholsky-Nachfolge-Wanderung* gehetzt hatten, weil sie meinen schöpferischen Lebensnerv treffen wollten. Daß sie mich durch Alkoholgenuß in Verbindung mit Gewaltmärschen schachmatt hatten setzen wollen, dachte ich auf meinem *Rilke-Weg,* weil sie in mir instinktiv den einzigen legitimen Tucholsky-Nachfolger gesehen hatten, dem naturgemäß nicht anders beizukommen war als durch eine sogenannte *Tucholsky-Nachfolge-Wanderung,* die in Wirklichkeit nichts anderes gewesen war als vollkommen tucholskyfeindlich und vollständig gernhardtverachtend. Daß Waechter und Bernstein sich an die Stelle von Tucholsky und seinem legitimen Nachfolger hatten setzen wollen, dachte ich in meiner *italienisch-deutschen Vierergruppe,* damit sie sich all das, wie man sagt, unter den Nagel reißen konnten, was kunstfeindlichen Wanderführernieten gewöhnlich vorenthalten wird: die nach ihnen benannten Wege oder Häuser oder Grünanlagen. Daß ihre Rechnung dabei war aufzugehen, dachte ich, jedenfalls partiell, da es zwar noch kein Bernstein-Haus gab, aber doch schon ein *Bernstein*-Zimmer, und zwar noch keinen Waechter-Park, aber doch schon viele Park-*Waechter.* Während es, dachte ich auf meinem *Rilke-Weg,* weit und breit immer noch keinen Gernhardt-Weg gab und keine Gernhardt-Linde, keinen Gernhardt-Stein und keine Gernhardt-Quelle, und auch naturgemäß nie geben würde, weil die beiden ehemaligen selbsternannten Wanderführer und heutigen staatspfründnerischen Jugendverführer niemals, dachte ich, von ihrem *Gernhardt-Auslöschungswerk* abgelassen hatten, sondern die Karriereleiter ja nur deshalb bis in die höchsten Höhen der Kultur- und Jugendverderbung erklommen hatten, um desto totaler in den Kinder- und Jugendköpfen all das austilgen zu können, was je an Gernhardt erinnert hatte oder jemals an ihn erinnern würde. Vor 29 Jahren waren sie mir als die besten Menschen und die vorbildlichsten Künstler erschienen, dachte ich in meiner *italienisch-deutschen Vierergruppe,* und es hatte lange gedauert, bis ich ihre vollkommen verkommene *Tucholsky-Feindlichkeit* und *Gernhardt-Zerstörungslust* durchschaut und mich von ihnen befreit hatte. Heute sagen sie hinter meinem Rücken, ich hätte sie, die mich jahrelang moralisch und künstlerisch über Wasser gehalten hätten, ausgenützt,

dachte ich, und sie stellen es so dar, daß sie sich von mir
befreit hätten, daß sie sich von mir hätten befreien
müssen, um nicht vollständig von mir ausgesaugt und
auf *Tucholsky-Nachfolge-Wanderungen* verschlissen zu werden. Dabei hatte ich sie damals doch nur retten wollen,
als ich Waechter und Bernstein dadurch von ihrer bo-
denlosen Faulheit und abstoßenden Antriebsschwäche
zu erlösen versucht hatte, daß ich ihnen den Vorschlag
einer *Tucholsky-Nachfolge-Wanderung* unterbreitete. Daß
ich daraufhin alles und jedes hatte organisieren müssen,
was mit dieser Wanderung zusammenhing, dachte ich,
weil Waechter selbst die elementarsten Kenntnisse zur
Vorbereitung einer solchen *Tucholsky-Nachfolge-Wanderung* gefehlt hatten und weil Bernstein viel zu unbeweg-
lich gewesen war, um den Gedanken einer Wanderung
auch nur zu denken, ganz zu schweigen von der Inan-
griffnahme einer handfesten Vorbereitung wie dem
Kauf einer Spessart-*Wanderkarte* und der Festlegung
der *Tucholsky-Nachfolge-Wanderroute*. Daß die gesamten
Wandervorbereitungen der *vollkommen deutschen Dreiergruppe* mal wieder an mir hängengeblieben waren,
dachte ich in meiner *italienisch-deutschen Vierergruppe,* an
mir, dem Kümmerer vom Dienst. Daß ich die Route
festgelegt hatte, dachte ich, und daß ich wie man sagt
den Kopf so voll hatte, daß ich guten Glaubens festlegte,
die *Tucholsky-Nachfolge-Wanderung* habe von Miltenberg
über Mespelbrunn nach Schöllkrippen zu führen. Daß
ich vor lauter Vorbereitungen gar nicht mehr dazu
gekommen war, Tucholskys Text noch einmal zu lesen,
dachte ich auf meinem *Rilke-Weg,* und, daß mir das

auch nicht viel genützt hätte, weil meine Überprüfung nach der Wanderung ergeben hatte, daß der angebliche Wanderbericht des *Gernhardt-Vorläufers* Tucholsky ganz und gar abgestellt war auf Leserverwirrung und Wandererirreführung. Daß der Verfasser von *Das Wirtshaus im Spessart* durch *Heiligenbrücken* gewandert sein will, dachte ich, wo die Landkarte doch nur einen Ort namens *Heigenbrücken* zu nennen weiß; daß der Spessartwanderer von einem Kloster Bronnbach schwärmt, welches gar nicht im Spessart gelegen ist; daß der dicke Mann allen Ernstes eine Wanderroute zurückgelegt zu haben behauptet, deren einziger Zweck nur der sein kann, *Nachfolge-Wanderungen* in den Wahnsinn oder ins Verderben zu treiben, da nicht einmal ein so erfahrener und durchtrainierter Wanderführer wie ich sie schaffen könnte, geschweige denn die von Steinwein geschwächten und von Fußkrankheiten heimgesuchten Freunde Jakopp und Karlchen: Sonnabend – Würzburg; Sonntag – Ochsenfurth; Montag – Iphofen; Mittwoch – Kloster Bronnbach; Donnerstag – Miltenberg, Mespelbrunn, Heiligenbrücken; Freitag – Hier und da; Sonnabend – Lichtenau; Sonntag – Lichtenau; Montag – In einem Weindorf; Dienstag – Heimbuchenthal; Mittwoch – Würzburg: Das spätestens, dachte ich auf meinem italienischen *Rilke-Weg,* ist eine absolute Unmöglichkeitsentfernung, da die Strecke gut vierzig Kilometer beträgt, eine Distanz, die bereits den Mittzwanzigern Waechter, Bernstein und mir Mühe gemacht hätte, die aber für die Spätdreißiger Tucholsky, Jakopp alias Hans Fritsch und Karlchen alias Dr.

Erich Danehl in ihren fotografisch belegten, ganz und gar wanderabträglichen Stadtanzügen, Kniebundhosen, Westen, Schlipsen und Schnürschuhen trotz handfester Wanderstöcke mit an Sicherheit grenzender Wahrscheinlichkeit nicht zu schaffen gewesen wäre. Daß die drei all diese Strecken im September 1927 zurückgelegt haben wollten, dachte ich, und, daß ich in meiner *italienisch-deutschen Vierergruppe* siebenundsechzig Jahre später den *Rilke-Weg* ebenfalls im September entlangwanderte. Immer schon hatte ich das Septemberlicht geliebt, von Jahr zu Jahr mehr, dachte ich, so daß ich halbtrunken dem *Rilke-Weg* gefolgt war, durchgehend in Gedanken und zugleich durchgehend im Rausch des Schauens auf das ständige, große Silberblau aus Meer und Himmel, ein Himmel, der sich vom Meer einzig durch die bereits tiefstehende Lorrain-Sonne unterschied. So stark hatte das Anzuschauende mich berauscht, dachte ich, daß ich gar nicht mehr Herr meiner Gedanken und Sinne gewesen war, denn erst jetzt, im Moment des Innehaltens, erkannte ich, was ich bereits seit längerem hätte bemerkt haben müssen: daß von einer *italienisch-deutschen Vierergruppe,* in der ich mich bewegte, nicht mehr die Rede sein konnte. Allein nämlich stand ich an der septemberlich hellen Steilküste, sah zur Rechten, tief unter mir und weit entfernt, die Silhouette des Schlosses Duino und sah links den weißleuchtenden abgründigen Karst, sah aber nirgendwo meine drei Gefährten. Daß ich sie hinter mir gelassen haben mußte, dachte ich, und daß ich gut daran täte, unverzüglich eine kleine Rast einzulegen. Entlang des

Rilke-Weges hatten immer wieder Schilder gestanden, die durch weiße Schrift auf braunem Grund, vor allem aber durch das Piktogramm des ausschreitenden Wortes *Rilke*, dem Wanderer mitgeteilt hatten, wo er sich gerade befand und wohin der Weg führte. Daß ein neuerliches Schild nach rechts wies, stellte ich fest und sah, daß es auf eine pittoreske Felsnase hinwies, eine große Plattform, die über breite, in den Fels gehauene Stufen zu erreichen war, und deren schierer Anblick bereits den Ausblick erraten ließ, der sich von diesem Felsvorsprung bieten mußte, welcher einer Rampe gleich jäh ins Nichts ragte. Rasch stand ich am Abgrund, lange schaute ich von dort aus in das von spätem Licht erfüllte Blau, da veranlaßten mich Geräusche, mich umzudrehen. Daß endlich die restlichen drei Wanderer unserer *italienisch-deutschen Vierergruppe* kämen, dachte ich, und ich dachte es auch noch, als ich bereits zu ahnen begann, daß die Vermutung allein deswegen nicht zutreffen konnte, weil kein Mitglied unserer Gruppe mit einem Spazierstock bewaffnet gewesen war. Und seit wann trug meine italienische Gastgeberin einen Straßenanzug mit Kniebundhosen, dachte ich, seit wann meine Gefährtin eine zugeknöpfte Weste samt Schlips über rundlichem Leib, seit wann der Freund Schnürschuhe, Rucksack und Brille? Gemessenen Schrittes und unter munteren Reden kamen die drei näher und näher. Meiner nicht achtend, wandte sich der Rundliche an die Gefährten und sagte, indem er auf die Felsnase deutete: Nun seid doch mal wenigstens einen Moment lang ernst, ihr beiden! Wißt ihr überhaupt, wo ihr euch befindet? Vor euch stürzt der berühmte Gernhardt-Felsen ins Meer! Nacheinander traten nun die drei auf die Plattform, noch immer ohne mich zur Kenntnis zu nehmen – was, dachte ich, auf die blendende Sonne zurückzuführen war –, so daß ich unerkannt dem Gespräch folgen konnte, welches die Wanderer miteinander führten. Sag mal, Kurt, wieso ist das der Gernhardt-Felsen, fragte der eine. Und wieso, lieber Tucho, ist der berühmt, setzte der andere hinzu. Sich nach einem Stein bückend, erwiderte Tucholsky, der Felsen sei berühmt, weil der Gernhardt sich von ihm gestürzt habe, und der Gernhardt sei berühmt, weil er sich von diesem Felsen gestürzt habe. Dann, sich erhebend, schleuderte er den dunklen Stein in den gleißend hellen Spätnachmittagshimmel, worauf wir alle seinen Flug verfolgten, bis er sich, ins Helle gekippt, im Blau des Meeres verlor.

Aber da muß ein Irrtum vorliegen, rief ich aus und trat, um auch wirklich sicher zu gehen, daß ich wahrgenommen würde, mitten zwischen die drei: Der Gernhardt hat sich niemals von dieser Klippe gestürzt!

Nein? entgegnete Tucholsky und richtete seine dunklen Augen nachdenklich auf mich. Nun, was nicht ist, kann ja noch werden, sagte er. Und, fügte er hinzu, wer nicht springen will, muß fühlen.

Was, fragte ich, und ahnte doch bereits die Antwort.

Daß er nicht so berühmt ist, versetzte Tucholsky lächelnd.

Nicht so berühmt wie wer?

Wie jene, die bereit waren und die bereit sind, für ihren Ruhm auch Opfer zu bringen, sagte Tucholsky, während er sich nach einem weiteren Stein bückte. Oder hängst du immer noch dem Kinderglauben an, der Ruhm falle dir mirnichtsdirnichts in den Schoß? Ruhm will erlitten, erstritten, erworben und erstorben sein. Was in deinem Fall heißt: Ersprungen.

Ich werde aber nicht springen, rief ich aufstampfend aus. Das wird nie und nimmer geschehen. So wichtig ist mir dieser Ruhm denn nun doch nicht.

Möglicherweise denkt einer der beiden Herren hier anders, fragte Tucholsky und richtete seinen Wanderstock auf seine beiden Begleiter, die ich naturgemäß für Jakopp und Karlchen gehalten hatte. Vielleicht verlangt es einen von euch beiden zu springen.

Wer sind die zwei überhaupt, fragte ich von jäher Gewißheit erfüllt.

Die gerade Ihnen doch wohl hinlänglich bekannten Wanderer F. K. Waechter und F. W. Bernstein, erwiderte Tucholsky lächelnd und schleuderte wie zur Ermutigung den Stein in die Tiefe.

Ihr wollt springen? fragte ich ungläubig, während die beiden an den Rand der Felsnase traten.

Warum nicht, fragte der eine der beiden. So ein Waechter-Felsen, der könnte mir schon gefallen.

Nach Lage der Dinge wird das ja wohl eher ein Bernstein-Felsen, erwiderte der andere und wippte mit den Füßen.

Weder – noch, rief ich dazwischen, ein Gernhardt-Felsen wird das!

Mit einem zornigen Auflachen rannte ich auf den Abgrund zu. Daß hier nur Platz für einen war, dachte ich, und, daß der naturgemäß mir zustand, mir, mir, mir. Immer rasender näherte ich mich dem Abgrund, die Arme wie zum Fliegen ausgebreitet und die Augen trunken in die Septembersonne gerichtet, in den goldnen Überfluß der Welt, von wem war das noch mal, dachte ich, und wollte bereits zum letzten Sprung ansetzen, als eine scharfe Bemerkung Tucholskys mich jäh und im allerletzten Moment innehalten ließ. Was hatte der rundliche Herr da gesagt?

Ja – was, lieber Horst. Spätestens hier nämlich soll diese bereits über Gebühr lange Epistel ihr Ende finden, indem Du zugleich einen Anfang machst: den Deiner Schriftsteller-Karriere: Was mag Tucholsky gesagt haben? Welche Worte konnten unseren Helden im allerletzten Augenblick davor bewahren, sich ins Verderben – in die Unsterblichkeit? – zu stürzen? Als angehender Mann der Feder magst Du nun die Deine an dieser Aufgabe wetzen und erproben. Teilst Du mir das Ergebnis bei Gelegenheit mit? Darum bittet Dich Dein momentan rechtschaffen ausgeschriebener Patenonkel Robert G.

PS: Vielleicht kann ein Kleist-Zitat zum Thema Dir dabei helfen, die rechten Worten zu finden: »Wer wird nach Jahrtausenden von uns und unserem Ruhme reden? Was wissen Asien und Afrika und Amerika von unseren Genien? Und nun die Planeten –? Und die Sonne –? Und die Milchstraße –? Und die Nebelflecke –?«

Ja, was wohl? Freilich trifft das auch auf die Gegen-frage zu: Was wissen wir von denen? Was davon, ob nicht ein Wort wie Horst Streugöbel wie Honig in Klin-gonenohren klingt und daher der denkbar geeignetste Name für den wäre, der nicht schlichten Welt-, sondern soliden Weltraum-Ruhm anstrebt?

PPS: Am 21. November 1811, »am Morgen meines Todes«, richtete Heinrich von Kleist einen Brief an seine Schwester Ulrike, in dem sich der Satz findet: »Die Wahrheit ist, daß mir auf Erden nicht zu helfen war.«

Als Kurt Tucholsky am 19.12.1935 das Gift nahm, das zwei Tage später seinen Tod herbeiführte, fand man auf seinem Nachttisch einen Abschiedsbrief an seine seit zwei Jahren von ihm geschiedene Frau Mary Gerold Tucholsky, in dem er seine Gründe darlegt: »Ich bin einmal Schriftsteller gewesen und habe bei S.J. gelernt, gern zu zitieren. Wenn Er wissen will, wie sich das bei den Klassikern ausnimmt, so lies den Ab-schiedsbrief nach, den Heinrich von Kleist an seine Schwester geschrieben hat, in Wannsee, 1811.«

Ebenfalls eine Art Nachfolge. Nicht auf irgendeinem Lebensweg diesmal, sondern auf dem Weg in den Tod. Auch auf dem Weg in den Ruhm? Der war dem armen Tucholsky bei der Niederschrift seiner letzten Worte vermutlich herzlich egal. Er wollte ganz einfach nicht mehr und war doch bis zum letzten Atemzug noch immer Schriftsteller genug, einer klassisch gewordenen Formulierung – einer Klasseformulierung? – den Vortritt zu lassen. Ob er seine Meinung geändert hätte, wäre ihm in seiner letzten selbstgesetzten Stunde ein anderer Klassiker in die Hand und in den Arm gefallen, Goethe, der seinen unglücklichen Werther dem jugendlichen Leser angesichts der von ihm verursachten Selbstmordwelle zurufen läßt: »Sei ein Mann und folge mir nicht nach« –?

PPPS: Vielleicht sollte statt all der Klassiker der unvergessene, bei Gott nicht durch eigene Hand umgekommene, eher schon von einem Gott oder gleich mehreren Göttern mitten im Leben gefällte Alfred Edel das letzte Wort erhalten, um Dir, lieber Horst, den Weg zum eher Eigentlichen und wirklich Wichtigen zu weisen. Ja, jener berühmte Alfred Edel, den ich bereits im Jahre 1983 in einem längeren Gedankenspiel zum Thema Ruhm zitierte, allerdings nicht mit vollem Namen, sondern unter der Bezeichnung »der befremdete Freund« – er soll nun das Schlußwort sprechen – sei ein Mann, Horst, und folge ihm nach: »Des Leben is net Ruhm, du. Du mußt dich den Ansprüchen verweigern, sonst bist verloren. Dann brauchst wirklich eine Flasche Baccardi-Rum am Tag und mußt drei Filme im Jahr machen. Rettung liegt nur in der Idylle, du. Die Idylle ist der Abbau von Außenreizen –: Philemon und Baucis … Mit der Dorle im Bett Marzipan essen …«

BERNSTEIN

WAECHTER

GERNHARDT

Reden

Schreiben

Schweigen

TUCHOLSKY

KLEIST

Neun der in diesem Buch versammelten *Hilfestellungen* sind 1994 im ›Magazin der Süddeutschen Zeitung‹ erschienen. Für Hinweise und Hilfestellungen danke ich Anita Albus, Walter Boehlich, Lutz Hagestedt, Irmgard Irle, Martin Lüdke, Michael Maar, Anna Mikula, Stephan Opitz, Detlev Reinert und Erika Tapp.